구텐베르크가 금속활자를 발명하기 전,
책은 사람이 살 수 있는 가장 비싼 물건이었습니다.

하지만 지금, 책은 가장 쉽게
그리고 가장 저렴하게 만날 수 있는
지혜의 보고가 되었습니다.

애드앤미디어는
책을 통해 당신이 보다 쉽게 지식을 더할 수 있도록 노력합니다.

1인 출판사
차리고 꾸려가는 법

1인 출판사
차리고 꾸려가는 법

엄혜경 지음

애드앤미디어

프롤로그

출판사를 차릴 줄은 몰랐습니다

책을 만들겠다는 마음 하나로 출판사를 시작했습니다. 그때는 몰랐습니다. 이토록 힘든 현실이 기다리고 있을 줄은요. 기획, 편집, 디자인, 유통, 마케팅, 회계, 심지어 물류까지. 하루아침에 전 분야 실무를 감당해야 하는 1인 출판사의 세계는 생각보다 훨씬 복잡하고 고단했습니다. 막막했고, 때로는 외롭기도 했습니다.

《1인 출판사 차리고 꾸려가는 법》은 바로 그 막막함 속에서 태어났습니다. 출판이라는 일이 마냥 낭만적이지 않다는 것을 체감했을 때, 옆에서 "이렇게 해보면 어때요?"라고 조언해주는 누군가가 있었다면 얼마나 좋았을까. 그 아쉬움과 바람이 이 책의 시작이었습니다.

2025년 기준, 서울 지역 출판사의 폐업률은 약 30%에 달한다고 합니다. 자영업 평균보다도 높은 이 수치는 출판이 얼마나 녹록지 않은 분야인지를 단적으로 보여줍니다. 판매 부진, 마케팅의 어려움, 고정비 부담, 복잡한 행정과 세무, 본업과의 병행, 그리고 고립감까지 이 모든 것이 출판사 대표가 마주하는 현실입니다.

그럼에도 불구하고 저는 여전히 출판이 참 매력적인 일이라고 말하고 싶습니다. 한 명의 전문가가 가진 지식을 더 단단하게 다듬고, 가능성 있는 초보 작가가 빛날 수 있도록 돕는 일. 그 성장을 지켜보는 것만으로도, 출판은 충분히 의미 있고 가치 있는 길입니다.

이 책에는 7년 동안 직접 부딪히며 얻은 실무 팁과 생존 전략, 그리고 작지만 단단한 믿음이 담겨 있습니다. 혼자서 출판사를 시작하려는 분들, 혹은 이미 시작했지만 길을 잃고 방황하는 분들께 꼭 도움이 되었으면 합니다. 출판은 외로운 길일 수 있습니다. 하지만 함께라면 덜 막막할 수 있습니다. 출판을 시작하려는 분들께 실질적인 도움이 되기를 진심으로 바랍니다.

엄혜경(책마마 엄대표)

추천사

막막함을 느끼는 1인 출판 창업자를 위한 책

1인 출판을 준비하시는 분들은 처음에 어디서부터 시작해야 할지 막막함을 느끼기 마련입니다. 많은 분이 지인이나 출판 관련 모임, 온라인 커뮤니티 등을 통해 정보를 얻고자 하지만, 믿을 만한 자료를 찾기 위해 들이는 시간과 노력이 만만치 않습니다. 하지만 이제는 《1인 출판사 차리고 꾸려가는 법》, 이 한 권만으로도 충분합니다. 이 책은 1인 출판을 처음 시작하는 분들에게 꼭 필요한 정보는 물론, 실제 운영에 도움이 되는 현실적인 팁까지 빼곡히 담고 있습니다.

우리 물류센터는 다양한 출판사와 거래하지만, 애드앤미디어는 그중에서도 유독 눈에 띄는, 특별한 출판사였습니다. 시작부터 성장하는 과정까지 곁에서 지켜본 만큼, 이 책에 담긴 실제 경험이 너무도 현실적이고 공감되어 다시 한번 '역시'라는 생각이 들었습니다. 1인 출판을 고민 중이시라면 꼭 읽어보시길 강력히 추천 드립니다.

<런닝북> 대표 윤한식

출판을 시작하는 사람들을 위한 든든한 길잡이

처음 엄혜경 대표님이 우리 인쇄소에 방문하셨을 때가 아직도 생생히 기억납니다. 출판은 처음이라며 조심스레 말씀하셨지만, 인쇄 방식부터 제작 과정까지 하나하나 꼼꼼하게 질문하시고, 파악해가는 모습이 정말 인상적이었어요.

매번 책을 출간하실 때마다 직접 방문하셔서 인쇄물의 색상, 용지 등을 다시 한

번 꼼꼼히 확인하시는 모습에서, 책 한 권 한 권에 담긴 대표님의 애정과 책임감을 느낄 수 있었습니다.

그렇게 여러 권의 책을 함께 만들면서 확신하게 된 것은 엄혜경 대표님은 단순히 '책을 만드는 사람'이 아니라, 출판을 진심으로 고민하고, 전 과정을 책임감 있게 이끌어가는 분이라는 점이었습니다. 정확하고 깔끔한 소통과 철저한 일정 관리로 함께 일하는 입장에서 참 든든했습니다.

《1인 출판사 차리고 꾸려가는 법》은 그런 대표님의 실전 경험이 고스란히 담긴 책입니다. 처음 출판을 준비하시는 분들께 꼭 필요한 이야기들이, 현실적인 시선으로 아주 알차게 정리되어 있어요. 앞으로 출판을 시작하려는 분들에게도 분명 든든한 길잡이가 되어 줄 것으로 믿습니다. 출판이 낯설게 느껴지는 모든 분께 이 책을 자신 있게 추천드립니다.

<새한문화사> 실장 정해춘

작은 아이디어가 한 권의 책으로 피어나는 여정

우리는 늘 책이라는 결과물 뒤에 있는 무수한 선택과 고뇌를 마주합니다. 한 권의 책이 나오기까지 종이의 질감에서부터 활자의 간격, 표지의 온도감까지 그 모든 것에는 창작자의 수많은 질문과 결정이 스며 있습니다. 이와 같은 일련의 과정들에는 말로 설명하기 어려운 디테일이 있는데, 애드앤미디어는 그 '말 안 해도 아는' 디자이너의 영역을 잘 캐치해줍니다. 덕분에 협업 과정도 매끄럽고, 결과물에 대한 만족도도 늘 높습니다.

오랜 기간 북디자이너로 일을 하면서 많은 파트너를 만나봤지만, 애드앤미디어만큼 믿고 함께할 수 있는 파트너는 드물다고 생각합니다. 단순히 '디자인'을 맡은 게 아니라, 한 권 한 권의 기획과 제작 과정에 깊이 관여하며 저자분들의 이야기가 더 잘 전달되도록 늘 함께 고민해왔습니다.

《1인 출판사 차리고 꾸려가는 법》은 자신만의 목소리로 출판을 시작한 한 사람의 손끝에서 생생하게 풀어낸 기록입니다. 이 책은 '가능할까?'라는 막연한 상상에 용기를 주고, '나도 할 수 있겠다'라는 현실적인 감각을 심어줍니다.

특히 1인 출판이라는 쉽지 않은 길에서, 이 책은 든든한 나침반이 될 것입니다. 콘텐츠를 만드는 모든 디자이너에게도 이 여정은 영감이자 응원이 되리라 믿습니다.

디자인 스튜디오 얼앤똘비악

책마마 엄대표의 친절한 1인 출판 가이드

엄혜경 대표님을 만난 것은 찬 바람이 몰아치는 겨울이었어요. 환하게 웃으시는 얼굴과 따스한 말투가 인상적이었습니다. 처음 보는데도 마치 오래된 사이처럼 유쾌하게 이야기를 나누었던 기억이 납니다. 그리고 뜨거운 여름, 《1인 출판사 차리고 꾸려가는 법》을 만든다고 하셨어요. 대표님이 처음 출판할 무렵, 옆에서 누군가 조언해주었으면 훨씬 좋았을 텐데, 하는 그런 아쉬움에서 시작한 책이라고 하셨죠. 누군가를 도우려는 대표님의 특징이 잘 드러나서 좋은 아이디어라고 말씀드렸습니다.

이 책을 읽어보니, 대표님 특유의 세심함이 곳곳에 담겨 있었어요. 시중에 나온 1인 출판 관련 책들은 출판사 창업기와 운영 과정을 경험담처럼 이야기하는 게 특징이에요. 그래서 공감은 가지만, 세부적인 사항들에 대한 궁금함은 좀 아쉬움이 있죠. 그런데 이 책은 그 아쉬움을 충분히 가시게 하고도 남을 책이라는 생각이 들었습니다. 대표님의 별칭 '책마마'처럼 이제 막 걸음마를 뗀 초보 1인 출판사 창업자들에게 엄마처럼 다정하게 알려주면서 깔끔하게 정리한 가이드를 건네는 기분이었어요.

막막할 때마다 이 책에서 필요한 부분을 펼쳐서 도움을 구해 보세요. 한 줄기 빛과 같은 조언이 1인 출판사 창업자 여러분과 함께할 것입니다.

에디터 배성분

막연함을 구체적인 실행력으로 바꿔주는 책

'책을 어떻게 만들지?' 생각만 해도 막막해집니다. 더군다나 혼자서 모든 과정을 다 해낸다는 1인 출판은 더욱 막연하게 느껴지지요. 기획부터 편집, 디자인, 마케팅, 유통까지. 과연 이 모든 것을 혼자서 할 수 있을까요?

애드앤미디어와 두 권의 책을 함께 만들어가면서 그 궁금증이 해소되었습니다. 하루는 편집자가 되어 원고를 살피고, 다음 날은 디자이너가 되어 표지를 고민하고, 또 다른 날은 마케터가 되어 독자들과 소통하는 모습을 지켜볼 수 있었습니다.

《1인 출판사 차리고 꾸려가는 법》은 바로 그 '어떻게'에 대한 답을 제시합니다. 막연한 궁금증을 구체적인 실행 계획으로 바꿔주는 책입니다. 저자가 직접 겪은 시행착오와 그 속에서 터득한 실무 노하우들이 단계별로 정리되어 있습니다. 읽다 보면 '아, 이렇게 하면 되는구나' 하는 명확한 그림이 그려집니다.

1인 출판을 꿈꾸지만 시작점을 찾지 못하고 있다면, 이 책이 가장 현실적인 출발점이 될 것입니다.

《에잇 블록 협상 모델》 저자 오명호

CONTENTS

프롤로그 **출판사를 차릴 줄은 몰랐습니다**   4
추천사   6

CHAPTER 1   출판의 로망을 현실로 만드는 첫걸음

출판사 사장이 된다는 것은 생각보다 복잡하다   14
출판사, 이렇게 시작하자!   23
혼자서는 안 되는 일, 함께해야 할 핵심 파트너   32
책의 부위별 명칭 완전 정복   49
서점과 계약하기. 출판 유통의 모든 것   52
작가님과의 만남. 출판 계약 가이드   63

CHAPTER 2   좋은 책은 탄탄한 기획에서 시작된다

아무나 할 수 있다고? 출간 기획의 숨겨진 기술   82
백지에서 시작하는 원고 작성 방법   91
원고에 생기를 불어넣는 기술, 편집과 교정   98
첫인상이 전부다. 사람들이 집어 드는 북 디자인의 비밀   104

CHAPTER 3   인쇄소에서 서점까지, 책이 태어나는 과정

인쇄와 제본 실무 확실히 파악하기   114
내 책에 주민등록증을! ISBN 발급과 납본 절차   137
서점 진열대 데뷔 준비, 신간 등록 체크 리스트   149
언제 출간할까? 도서 발행일을 정하는 전략   152
어디에 내 책이 꽂힐까? 온라인 서점 카테고리의 비밀   156
드디어 판매 시작! 온라인 서점 입성하기   162

CHAPTER 4   좋은 책도 알려야 팔린다

기자님, 우리 책 좀 봐주세요! 보도자료 작성의 기술	176
매장 영업이 어려워요. 1인 출판사의 영업 방법	180
인스타그램 세대를 사로잡는 카드뉴스 제작법	185
클릭을 부르는 마법, 온라인 서점 상세 페이지 만들기	192
3초 안에 독자 마음 훔치기. 신간 홍보 영상 제작	198
입소문부터 바이럴까지! 홍보 마케팅 전략	206
온라인 광고 집행 가이드	230
작은 출판사도 브랜드가 될 수 있다	237

CHAPTER 5   숫자로 말하는 출판업

책이 독자에게 가는 길, 물류센터와 동고동락	246
세금계산서가 뭐길래! 계산서 발행의 모든 것	252
매달 기다리는 정산일, 서점 정산 시스템 파헤치기	260
작가님께 드리는 인세 정산 완벽 가이드	270
내 책이 해외로! 판권 수출의 꿈과 현실	277
과연 돈이 될까? 출판사 손익분기점 계산법	284

에필로그 그래도 출판사를 계속하는 이유   297

CHAPTER 1

출판의 로망을 현실로 만드는 첫걸음

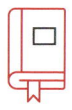

출판사 사장이 된다는 것은 생각보다 복잡하다

〈책마마 엄대표의 출판 일기〉

드디어 출판사 신고를 마쳤다.
절차는 간단한데, 마음은 무겁다.
뭘 먼저 해야 할지도 모르겠고,
앞이 깜깜하다.

하지만 이제 물러설 수는 없다.
망설임은 접어두고, 시작하는 수밖에.

죽이 되든 밥이 되든, 한번 해보자.

독자보다 작가가 더 많은 시대

"책을 쓰고 싶어 하는 분이 계신데, 소개해드릴까요?"
"제가 글을 좀 써봤는데, 출판해주겠다는 곳이 없어요."

이런 부탁이나 하소연은 이제 낯설지 않습니다. 주변을 둘러보면, 책을 읽으려는 사람보다 쓰고 싶어 하는 사람이 훨씬 많다는 사실을 실감하게 됩니다. 저희 집만 봐도 그렇습니다. 책을 사는 사람은 저 하나뿐입니다. 책장은 제가 산 책으로만 가득 차 있고, 가족들은 책을 거의 사지도, 읽지도 않습니다. 그래서인지 가끔은 제가 좀 '별난 사람'처럼 느껴지기도 합니다.

책을 읽는 사람보다 쓰고 싶어 하는 사람이 더 많은 현실, 처음에는 그 간극이 참 막막하게 느껴졌습니다. 하지만 얼마 전 다녀온 서울 국제 도서전 이후로 생각이 조금 달라졌습니다. 행사장 문이 열리기도 전부터 길게 늘어선 줄, 부스마다 북적이는 사람들을 보며 느꼈습니다. 책을 쓰고 싶어 하는 분들만큼, 책을 사랑하고 아끼는 독자도 여전히 많다는 사실이 참 고맙게 다가왔습니다.

저처럼 책으로 공부하는 사람도 있습니다. 메타버스가 궁금하면 관련 책을 전부 사보고, NFT(Non-Fungible Token)가 유행하면 그 책들도 챙깁니다. 주말에는 아이패드를 좀 더 잘 활용해보고 싶어서 관련 서적을 또 주문합니다. 그러다 보니 아직 읽지 못한 책이 제법 쌓여 있지만, 문득 〈알쓸신잡〉에서 김영하 작가님이 하신 말씀이 떠오릅니다.

"책은 읽을 책을 사는 게 아니고, 산 책 중에 읽는 거예요."

저에게 큰 위로가 된 말입니다. 저 같은 독자가 많다면, 출판 시장은 매일이 호황일지도 모르겠습니다.

'놀면서' 출판사가 된다고요?

출판사를 시작할 무렵, 저도 책을 산더미처럼 쌓아두고 공부에 매진했습니다. 관련 강의도 여러 개 들었는데, 그중 특히 기억에 남는 강사님이 계셨습니다.

"저는 하루에 30분만 일해요. 아침에 주문 확인하고 발주 넣으면 끝이에요. 출판사 운영, 정말 쉬워요."

그때는 저도 정말 그렇게 될 줄 알았습니다. 하지만 막상 출판사를 운영해보니, 하루의 흐름은 전혀 달랐습니다. 아침에 눈을 뜨자마자 온라인 서점에 접속해 책의 판매 순위와 지수를 확인하는 것이 하루의 시작입니다. 이어 각 서점에서 들어온 주문서를 확인하고, 물류센터에 발주를 넣습니다. 주문이 많은 날은 흐린 날씨에도 기분이 좋고, 주문이 없는 날은 맑은 하늘에도 마음이 무거워집니다.

그뿐만이 아닙니다. 인스타그램에 우리 책이 어떻게 노출되고 있는지 살펴보고, 독자들의 반응을 분석하며 홍보 전략을 고민합니다. 사람들이 요즘 어떤 책을 이야기하고 있는지, 글을 잘 쓰는 분은 어디에 계신지 하루 종일 관찰하게 됩니다.

어느새 저는 24시간 마케터이자 24시간 스카우터가 되어 있었습니다. 하루 30분만 일해서 출판사를 운영하는 노하우는 아직도 모르겠습니다. 혹시 그 비결을 아시는 분이 있다면, 꼭 좀 알려주시길 바랍니다.

1인 출판사 사장의 하루

출판사 대표라고 하면, 커피 한 잔을 곁에 두고 느긋하게 원고를 읽는 모습을 떠올릴지도 모릅니다. 그러나 1인 출판사 대표의 하루는 생각보다 훨씬 바쁘게 흘러갑니다. 대개 다음과 같은 일정으로 하루를 보냅니다.

- 오전 8시: 서점 발주 확인
- 오전 9시: 물류센터 발주 요청
- 오전 10시: 디자이너와 표지 시안 논의
- 오후 1시: ISBN 발급 신청
- 오후 3시: 인쇄소와 견적 조율

- 오후 5시: 서점에 신간 정보 등록
- 밤 9시: 교정 다시 보기
- 밤 12시: 다음 날 SNS 콘텐츠 예약 업로드

1인 출판사 대표는 실제로 여러 역할을 혼자 감당해야 하는 자영업자에 가깝습니다. 기획, 편집, 디자인 조율, 마케팅, 영업, 회계, 물류까지 책 한 권에 필요한 모든 과정을 직접 챙겨야 합니다.

그럼에도 책을 만드는 일은 여전히 매력적입니다. 작가의 머리에서 입으로 흘러나온 말은 허공에 사라지지만, 인쇄되어 글로 남겨진 문장은 작가의 세계를 고스란히 담아냅니다. 책은 마치 요술램프 같습니다. 그 안에 작가의 정신과 마음이 농축되어 빛을 발합니다. 무형의 생각을 유형의 형태로 바꾸는 일, 그것이 바로 출판의 본질이라고 믿습니다.

왜 저는 출판사를 만들게 되었을까요?

처음에는 그저 책을 쓰고 싶었습니다. 세상에 꼭 전하고 싶은 이야기가 있었고, 열심히 원고를 써서 여러 출판사에 제안했습니다. 하지만 돌아온 답은 대부분 무응답이거나 거절이었습니다. 처음에는 큰 절망감에 빠졌지만, 이런 생각도 들었습니다.

'이대로 기다리기만 해서는, 이 책이 세상에 나오지 못할지도 모르겠다.'

그래서 결심했습니다.
'그렇다면 내가 직접 만들자.'
'내 책을 낼 수 있는 출판사를 내가 만들자.'

그렇게 시작된 것이 바로 애드앤미디어입니다. 큰 목표나 원대한 비전을 품고 출판사를 만든 것은 아니었습니다. 그저 내 책을 세상에 내놓고 싶다는 마음 하나로 출판사를 만들었습니다. 순서가 거꾸로인 것 같지만, 저에게는 차선책이자 가장 절실한 선택이었습니다.

출판사 이름보다 먼저 떠오른 것은, 이 출판사가 담아야 할 '마음'이었습니다.

'내가 가진 지식에 무언가를 더하고, 누군가의 생각에 의미를 더할 수 있는 책.'
그런 책을 만들고 싶었습니다.
그 마음 하나로 시작된 출판사, 그것이 애드앤미디어의 첫 페이지였습니다.

> 구텐베르크가 금속활자를 발명하기 전,
> 책은 사람이 살 수 있는 가장 비싼 물건이었습니다.
>
> 하지만 지금, 책은 가장 쉽게
> 그리고 가장 저렴하게 만날 수 있는
> 지혜의 보고가 되었습니다.
>
> 애드앤미디어는
> 책을 통해 당신이 보다 쉽게 지식을 더할 수 있도록 노력합니다.
>
> 애드앤미디어 첫 페이지를 여는 글

'출판사를 해보고 싶은' 당신에게

최근에 책을 쓰고 싶어 하는 분들뿐만 아니라, 출판사를 직접 운영해보고 싶어 하는 분들도 늘고 있습니다.

여러 가지 일을 병행하는 'N잡러'가 많아지면서, 혹은 저처럼 자신의 책을 직접 만들다가 출판사까지 운영하게 되는 경우도 많습니다.

출판업은 시작 자체는 어렵지 않습니다. 사업자 등록과 출판사 신고만 하면 누구나 출판사를 열 수 있습니다. 하지만 그 이후부터는 전혀 다른 이야기가 펼쳐집니다. 겉보기에 쉬워 보여서인지, 실제로 필요한 정보나 시행착오에 대한 안내는 거의 없는 것이 현실입니다.

이 책은 그런 정보의 공백 속에서, 직접 부딪히고 경험하며 출판사를 운영해온 한 사람의 기록입니다. 출판사의 하루하루가 궁금하신 분들께, 현장감 있는 이야기를 솔직하게 들려드리고자 합니다.

그에 앞서, 출판사를 시작하고자 하는 여러분께 꼭 묻고 싶은 다섯 가지 질문이 있습니다.

출판사를 시작하기 전, 스스로에게 물어보세요.

1. 정말 책을 좋아하시나요?

기다림은 길고, 결과는 더디며, 손익은 늘 아슬아슬합니다. 그럼에도 불구하고 빳빳한 종이책의 첫 장을 넘기는 그 손끝에 닿는 감촉을 좋아한다면, 분명히 버틸 이유가 생깁니다.

2. 작가와 사랑에 빠질 준비가 되셨나요?

작가의 글과 말, 생각, 성향까지 이해하고 받아들여야 좋은 책이 나옵니다. 진심으로 연결되어야 비로소 그 책에 '결'이 생깁니다.

3. 편집자, 디자이너, 작가와의 협업을 존중하실 수 있나요?

1인 출판사의 대표는 모든 프로젝트에서 을(乙)의 입장입니다. 함께하는 분들의 일정과 스타일, 컨디션을 존중하고 맞춰주실 수 있나요? 무엇보다 필요한 능력입니다.

4. 결정을 잘 내리시는 편인가요?

책 제목, 표지 디자인, 판형, 용지, 마케팅 카피까지, 출판에서의 모든 작업은 끊임없는 선택의 연속입니다. 그리고 그 선택에 대한 책임은 온전히 대표에게 있습니다. 왕관의 무게를 견딜 수 있어야 합니다.

5. 긴장감을 견디실 수 있나요?

작은 바코드 실수 하나로 인해 2,000권의 책에 스티커를 일일이 붙여야 하는 상황도 벌어질 수 있습니다. 입고일 하루 차이로 몇백 권의 계약이 취소될 수 있습니다. 그 긴장감을 즐길 수 있다면, 출판사 대표로서의 자질은 이미 갖추고 계신 것입니다.

책은 이렇게 만들어집니다

출판사를 운영하다 보면, "책은 어떻게 만들어지나요?"라는 질문을 자주 듣습니다. 사람들이 궁금해하는 '책의 제작 과정'을 간단히 설명드리자면, 다음과 같은 단계를 거칩니다.

1. 계약

가장 먼저 저자와 출판권 설정계약을 체결합니다. 말하자면, 책을 함께 만들기로 약속하는 공식적인 첫 단계입니다.

2. 기획

책의 주제와 목표 독자를 설정하고, 목차 구성과 출판 방식, 예산, 유통 전략 등을 결정합니다. 이 과정에서 책의 '틀'이 잡히게 됩니다.

3. 원고 작성

저자는 원고를 집필하고, 퇴고와 피드백을 거치며 원고를 다듬습니다. 출판사는 이 원고가 완성될 때까지 함께 점검하고 조율합니다.

4. 편집·교정

완성된 원고는 구조와 논리의 흐름을 살펴보고, 맞춤법이나 표현을 꼼꼼히 교정합니다. 가장 많은 눈과 손이 필요한 작업입니다.

5. 디자인

표지와 내지 디자인을 진행하고, 최종 시안을 확정합니다. 이 단계는 독자가 책을 처음 마주할 때 받는 첫인상을 결정짓는 중요한 과정입니다.

6. ISBN/CIP 발급 및 납본

출판사 고유의 식별번호인 ISBN과 도서분류정보(CIP)를 발급받고, 국립중앙도서관에 납본합니다. 이 과정을 통해 책은 '공식적으로 존재하는 출간물'이 됩니다.

7. 인쇄·제본

인쇄소 선정과 종이 선택, 인쇄 감리를 거쳐 책을 완성합니다. 이 과정을 지나야 비로소 손에 쥘 수 있는 '물성으로서의 책'이 태어납니다.

8. 물류센터 입고

책을 보관할 물류센터를 지정해 입고합니다. 이후 이곳에서 매일 주문량에 따라 각 서점으로 책이 출고됩니다.

9. 유통·판매

배본사나 총판과 계약을 맺고, 서점에 책을 입점시킵니다. 요즘은 온라인 직판이나 소규모 마켓 판매도 병행하는 경우가 많습니다.

10. 홍보·마케팅

서평 이벤트, SNS 콘텐츠, 북토크 등 다양한 방식으로 독자와 만날 준비를 합니다. 판매 모니터링과 함께, 다음 책(2쇄 혹은 차기작)을 준비하는 단계이기도 합니다.

단계	과정	주요 내용
1	계약	저자와 출판권 설정 계약 체결. 책을 함께 만들기로 약속하는 공식적인 첫 단계.
2	기획	주제, 타깃 독자, 목차 구성, 예산, 출판 방식, 유통 전략 등을 결정. 책의 기본 틀 마련.
3	원고 작성	저자가 집필하고 출판사는 퇴고와 피드백을 통해 원고를 함께 점검·조율.
4	편집·교정	내용의 구조, 흐름, 맞춤법, 표현 등을 교정. 가장 많은 검토와 수정이 이루어지는 단계.
5	디자인	표지와 내지 디자인 진행, 최종 시안 확정. 독자의 첫인상을 결정짓는 과정.
6	ISBN 발급 및 납본	ISBN을 신청·등록하고, 국립중앙도서관에 납본. 책이 공식 출간물로 등록됨.
7	인쇄·제본	인쇄소 선정, 종이 선택, 인쇄 감리 진행. 실물로서의 책이 완성되는 단계.
8	물류센터 입고	완성된 책을 물류센터에 입고. 서점 출고를 위한 보관 및 분배 준비.
9	유통·판매	배본사 계약, 서점 입점, 온라인·직판 등 다양한 유통 채널 확보.
10	홍보·마케팅	서평, SNS, 북토크 등 홍보 활동. 판매 모니터링 및 후속 출간 준비 병행.

책의 제작 과정

출판사,
이렇게 시작하자!

<책마마 엄대표의 출판 일기>

출판사 이름을 처음 정했을 때는 어색하고 낯설었다.

하지만 눈뜨면서부터 잠들기 전까지
입으로도, 머릿속으로도 계속 불러주다 보니
이제는 이름이 입에 착 붙는다.
그런데도 남편은 여전히 발음이 어렵다며 투덜거린다.
적은 가장 가까운 곳에 있다고 했던가?

출판사를 시작하겠다고 마음먹었지만, 막상 무엇부터 해야 할지 막막하게 느껴지실 수 있습니다. 하지만 출판사를 시작하는 것은 어렵지 않습니다. 자격증이 필요한 것도 아니고, 거액의 투자금이 필요하지도 않습니다. 저는 단 한 권의 책을 만들 수 있는 정도의 돈을 가지고, 겁 없이 출판사를 시작했습니다. 지금 돌아보면 정말 무모했습니다.

책을 만들어 보고 싶은 마음이 있다면 누구든지 도전할 수 있는 일이 바로 1인 출판입니다. 처음에는 낯설고 서툴겠지만, 도장 깨기처럼 하나씩 단계를 밟아가다 보면 어느새 출판사의 형태가 갖춰져 있을 것입니다. 여기서는 제가 실제로 겪은 시행착오와 경험을 바탕으로, 출판사를 만드는 데 필요한 과정들을 하나씩 안내해드리려고 합니다.

출판사 이름 짓기

출판사를 시작하려고 마음먹으면, 가장 먼저 마주하는 질문은 의외로 '이름을 무엇으로 할까?'입니다. 어떤 책을 만들고 싶은지는 명확한데, 그 모든 뜻을 담아낼 단어 하나를 고르는 일은 생각보다 쉽지 않습니다.

저 역시 같은 고민을 했습니다. 국어사전과 영어사전을 번갈아 펼쳐가며, 마음에 드는 단어를 찾아 출판사의 분위기와 색깔을 상상해봤습니다. 그렇게 정한 이름이 'HUEBOOKS'입니다. '색조, 빛깔'을 뜻하는 영어 단어에서 가져왔고, 한국어로는 "휴~" 하고 숨 고르는 느낌이 있어 마음에 들었습니다. 바쁘고 치열한 출판 일이지만, 독자에게만큼은 잠깐의 쉼이 되길 바라는 마음도 함께 담았습니다.

하지만 지인들의 반응은 예상과 달랐습니다.

"휴? 그냥 쉬겠다는 뜻이야?"
"출판사 차리면서 쉴 생각이야?"

그때 깨달았습니다. 내가 담은 의미가 다른 사람에게는 전혀 다르게 전달될 수 있다는 사실을요. 출판사 이름을 정할 때는 나만의 감성뿐 아니라, 다른 사람의 인식과 반응도 함께 고려하는 균형감이 중요합니다.
그래서 다시 고민했습니다.

'나는 왜 출판사를 하려는 걸까?'

그 답은 분명했습니다. 누군가의 지식에 '하나를 더해주고 싶은 마음'이었죠. 그 마음을 단어로 표현해보려 애쓰며, '더하다', 'ADD', 'PLUS', 'AND' 등 수많은 단어들을 조합해봤습니다.

그렇게 완성된 이름이 지금의 '애드앤미디어(ADDANDMEDIA)'입니다. 단순한 덧셈이 아니라, 지식에 가치를 더하는 출판사, 사람과 콘텐츠를 연결하는 매개로서의 의미를 담고자 했습니다.

그리고 출판사의 방향도 함께 정해졌습니다. 모든 사람은 저마다의 지식을 가지고 있습니다. 저의 역할은 거기에 하나를 더 얹어드리는 것이라고 생각했습니다. 그 마음을 담아, 이 한 문장을 완성하게 되었습니다.

"당신의 지식에 하나를 더해드립니다. 애드앤미디어."

1. 출판사 이름을 정할 때 고려할 점

1) 목표와 방향성
어떤 분야에 집중할지(문학, 아동, 자기 계발, 전문서 등)를 먼저 정리해보세요. 이름에도 그 결이 묻어나야 합니다.

2) 간결함과 기억하기 쉬움
짧고, 발음하기 쉬우며, 시각적으로도 단순한 이름이 좋습니다.

3) 고유성
이미 사용 중인 상호인지 꼭 확인하세요. → 특허청 키프리스에서 상표 검색 가능.

4) 의미와 상징성
출판사의 철학, 혹은 '책을 만드는 이유'를 담을 수 있다면 더 오래 사랑받는 이름이 됩니다.

5) 확장성

처음에는 동화책만 낼지 몰라도, 나중에는 인문서나 에세이까지 확장될 수 있습니다. 너무 좁은 의미보다, 향후의 가능성도 열어두세요.

이름은 출판사의 얼굴입니다. 짓는 데 시간이 걸려도 괜찮아요. 오래 쓰고 싶은 이름이라면, 오래 고민할 만한 이유가 충분하니까요.

책마마 엄대표의 TIP. 출판사 이름의 중복 확인은 이렇게 해요!

출판사/인쇄사 검색시스템(book.mcst.go.kr)에서 출판사 이름을 확인할 수 있습니다.

좌측의 지역 선택에서 지역을 선택하고, 전체의 영업, 폐업에서 '영업'을 선택합니다. 업종 구분은 '출판사', 항목에서는 '상호'를 선택하시고, 원하시는 출판사 이름을 넣어 검색 버튼을 눌러 보세요. 내가 사는 지역에 내가 원하는 이름으로 출판사를 누군가 이미 운영하고 있다면, 그 이름은 사용할 수 없습니다.

서울특별시, 영업, 출판사, 상호를 선택하고 애드앤미디어를 검색하면 다음과 같은 결과가 나옵니다.

출처 : 문화체육관광부

출판사 신고하기

출판사 이름을 정하고 나면, 그 이름이 공식적으로 쓰일 수 있도록 등록 절차를 밟아야 합니다. 이쯤에서 많은 분이 멈칫하시죠.
'도대체 어디서부터 시작해야 하지?'

저도 그랬어요. 관공서 일은 괜히 어렵게 느껴지니까요. 그런데 막상 해보면 생각보다 단순합니다. 출판은 진입 장벽이 낮은 편이에요. 자격증도 필요 없고, 사무실도 꼭 있어야 하는 것은 아니니까요.

출판사를 시작하기 위한 행정 절차는 딱 세 가지예요.

- 출판사 신고(관할 구청)
- 사업자 등록(관할 세무서)
- 사업자 통장 개설(가까운 은행)

이 세 단계를 순차적으로 마치면, 법적으로도 당당한 '출판사 대표'가 됩니다.

1. 출판사 신고(관할 구청 문화체육과)

출판사 신고는 출판사를 만들고자 하는 모든 개인 또는 법인이 먼저 거쳐야 할 절차입니다. 신고는 출판사의 주 사무소가 있는 지역의 시청, 군청, 구청의 문화체육과 또는 문화산업과에서 담당합니다.

출판사 신고를 위해서는 다음과 같은 서류를 준비해야 합니다.

1) 준비 서류

- 출판사 신고서(지자체에서 제공하는 양식)
- 대표자 신분증
- 주민등록등본(일부 지자체에서 요구)
- 사업장 주소를 증명할 수 있는 임대차계약서 또는 부동산등기부등본
- 법인인 경우, 법인등기부등본
- 대리 신청 시에는 위임장

2) 신고 방법과 절차

- 평일 중 관할 구청(문화체육과 등)에 서류 직접 제출
- 서류 검토 후, 등록면허세 약 27,000원 납부
- 1~3일 내 '출판사 신고확인증' 발급

  (※ 이 확인증은 ISBN, CIP 신청 및 유통 계약 등에 필수)

책마마 엄대표의 TIP. 출판사 주소는 어디로 해요?

출판사 등록에 있어 가장 현실적인 고민은 '주소'입니다. 실제로 많은 1인 출판사들이 자택 주소로 등록해 출발합니다. 단독주택이나 공동주택 모두 가능하지만, 건축물 용도나 해당 지자체의 기준에 따라 제한될 수 있으므로 관할 구청에 미리 문의해보는 것이 안전합니다.

다만, 책에 출판사 정보가 인쇄되면서 개인 자택 주소가 공개되는 경우도 있고, 통신판매업 등록이나 외부 거래 시 신뢰도와 개인정보 노출 문제가 발생할 수 있습니다. 이런 이유로 최근에는 비상주 사무실이나 공유오피스 주소를 이용하는 경우도 많습니다. 사업자 등록이 가능하고, 주소 노출 부담을 줄이며, 우편 수령 같은 기본 서비스가 제공된다면 충분히 실용적인 대안이 될 수 있습니다. 비용도 월 3~5만 원 수준으로 비교적 저렴합니다.

사업자등록 신청하기

출판사 신고확인증을 받고 나면, 다음 단계는 세무서에 사업자등록을 하는 것입니다. 출판사 신고는 준비만 잘하면 금방 끝납니다. 등록 방법은 두 가지입니다. 가까운 세무서 민원실에 직접 방문하시거나, 국세청 홈택스 홈페이지에서 온라인 신청도 가능합니다. 사업자등록은 생각보다 빠르게 처리됩니다. 보통 1~3일 이내, 세무서를 직접 방문하면 당일 발급도 되는 경우가 많아요.

1. 사업자등록 신청 시 준비할 서류

- 사업자등록신청서
- 출판사 신고확인증 사본
- 주민등록등본
- 사업장 임대차계약서 또는 등기부등본

책마마 엄대표의 TIP. 일반과세자, 면세사업자 중 어떤 것을 선택해야 할까요?

- 출판업은 원칙적으로 부가가치세 면세 업종입니다. 즉, 일반적으로는 부가세 신고 의무가 없습니다. 하지만 다음과 같은 경우에는 일반과세자 등록을 고려해보는 것이 좋습니다.
  - 전자세금계산서를 발행해야 하는 경우
  - 도매 유통처나 법인 거래처와 계약을 계획 중인 경우
- 일반과세자로 등록하면 유통 계약이나 세무 처리에서 더 유리한 조건을 갖출 수 있습니다. 자신의 출판 운영 방식과 거래 방향에 따라 신중하게 선택해보세요.

출판사 통장 만들기

출판사 등록을 마치셨다면, 이제 하나 더 챙기셔야 할 게 있어요. 바로 '사업자 통장'입니다.

'나 혼자 하는 출판사인데, 굳이 통장을 따로 만들어야 할까?'

이렇게 생각하실 수도 있어요. 저도 처음에는 그랬거든요. 그런데 막상 책을 팔기 시작하면, 유통사나 서점, 디자이너, 작가 등 다양한 거래처와 정산을 하게 됩니다. 이때 개인 통장이 아닌 '사업자 명의 통장'을 요구받는 경우가 대부분이에요. 선택이 아니라, 필수에 가깝다고 보시면 됩니다.

사업자 명의 통장은 거의 모든 시중은행에서 개설할 수 있어요. 요즘은 비대면 개설도 있지만, 사업자 통장은 대부분 은행 창구에서 직접 방문해야 원활하게 처리됩니다.

1. 사업자 통장 준비물

- 대표자 신분증
- 사업자등록증(원본 또는 사본)
- 사업장 임대차계약서 또는 부동산등기부등본(※ 자택 주소로 등록했더라도, 주소 증빙 서류는 꼭 필요합니다.)
- 출판사 신고확인증(요구하는 은행도 있음)
- 도장(요즘은 서명으로 대체되는 경우도 있음)

은행마다 요구 서류가 조금씩 다를 수 있으니, 방문 전 해당 지점에 전화해 미리 확인해보세요.

책마마 엄대표의 TIP. 사업자 통장 추가 체크 사항

- 처음 만들면 '한도 계좌'로 설정되는 경우가 있어요. 일정 기간(보통 3개월) 정상 거래가 있으면, 은행에 요청해서 해제할 수 있습니다.
- 예금주 이름은 개인사업자의 경우 대표자 이름과 상호명이 함께 들어갑니다.(예: '홍길동(휴출판사)' → ※ 상호명만으로는 예금주 등록이 되지 않습니다.)
- 은행에 갔을 때 인터넷뱅킹과 OTP 또는 보안카드를 함께 신청하면 유통사 정산, 인세 지급, 홈택스 연동, 전자세금계산서 발행까지 모두 수월해집니다.

혼자서는 안 되는 일,
함께해야 할 핵심 파트너

<책마마 엄대표의 출판 일기>

혼자 하는 사업의 가장 큰 어려움은
수익도, 리스크도 아닌…
외로움이다.

하지만, 좋은 파트너가 있다면
그 외로움도 견딜 수 있다.

출판사를 세웠다고 해서 곧바로 책이 만들어지는 것은 아닙니다. 출판사는 '책을 만드는 곳'이지만, 그 과정은 혼자서 감당하기에는 복잡하고 섬세한 일의 연속입니다. 한 권의 책이 세상에 나오기까지는 작가, 디자이너, 편집자, 인쇄소, 물류센터, 이 다섯 개의 핵심 파트너가 함께 움직여야 합니다. 이 과정에서 가장 중요한 것은 결국 '사람'입니다.

어떤 파트너는 우연히 만나기도 하고, 검색을 통해 찾기도 하며, 누군가의 소개로 인연이 시작되기도 합니다. 하지만 출판은 사람과 사람 사이에서 이루어지는 일이기에 한번 맺은 인연을 어떻게 이어가느냐가 더 중요합니다. 실력이 전부는 아닙니다. 신뢰와 커뮤니케이션, 책임감이 함께 할 때 비로소 좋은 결과가 나옵니다.

여기서는 1인 출판사 운영자의 입장에서 이 다섯 파트너가 어떤 역할을 하고, 각 파트너를 어떻게 찾고, 어떻게 협업을 시작하면 좋은지, 저의 경험을 바탕으로 현실적인 이야기를 함께 나누어 보겠습니다.

작가 섭외하기

출판의 시작은 언제나 '글'입니다. 그리고 그 글을 쓰는 사람이 바로 '작가'입니다. 하지만 막상 책을 만들기 위해 작가를 찾다 보면, 그 일이 결코 쉽지 않다는 것을 알게 됩니다. 원고를 들고 오는 분들은 많지만, 출판사에서 실제로 '출간하고 싶은' 원고를 찾는 일은 훨씬 어렵기 때문입니다.

저는 비교적 운이 좋은 경우였습니다. 애초에 제 원고를 출간하고자 출판사를 만들었기 때문에, 원고가 이미 준비되어 있었습니다.

《답답해 죽느니 내가 직접 만드는 SNS 콘텐츠》
알라딘 바로 가기
http://aladin.kr/p/6MURG

출판사를 시작하게 만든 책

그리고 그 무렵, 심리상담 분야에서 강사로 독립을 준비하고 있던 언니가 있었습니다. 저는 다른 곳에서 두 권의 책을 출간한 경험이 있었는데, 언니(모모쌤)는 처음이라서 함께 방향을 잡고, 한글 프로그램에서 개요를 만드는 것을 알려주며,

목차를 구성하면서 원고를 써갔습니다. 지금 생각해보면, 처음부터 작가와 협업하는 방식에 익숙해질 수 있었던 소중한 기회였습니다.

언니가 저보다 먼저 원고를 완성하면서, 애드앤미디어의 첫 책은 자연스럽게 《모모쌤의 독서테라피》가 되었습니다. 지금도 이 책은 독서를 통해 내담자의 마음을 열고자 하는 상담사분들 사이에서 필독서로 손꼽히고 있습니다.

《궁금해요, 모모쌤의 독서테라피》 예스24 바로 가기
https://www.yes24.com/product/goods/70812193

애드앤미디어 기획출판의 첫 문을 열어준 책

애드앤미디어와 공식적으로 처음 출판 계약을 맺게 된 작가님은 제가 평소 애정하고 구독하던 블로거였습니다. 파워포인트 분야에서 잘 알려진 블로그를 운영하시던 분이었는데, 어느 날 우연히 그 블로그에 '책 출간이 무산되었습니다'라는 글이 올라온 것을 보게 되었습니다. 그 글을 본 순간, 저는 기회라고 생각했고, 작가님께 용기를 내어 쪽지를 보냈습니다. 그 메시지에는 작가님의 오랜 팬이었으며, 그 훌륭한 콘텐츠를 꼭 책으로 만들어보고 싶다는 저의 진심을 담았습니다. 한참 뒤에야 답장이 도착했지만, 기꺼이 만나주셨고 우리는 곧바로 계약을 체결했습니다. 그렇게 함께 만든 책이 벌써 두 권이 되었고, 지금도 작가님의 블로그 메인에 저희 책이 소개되어 있습니다. 매번 그 페이지를 볼 때마다 감사한 마음과 함께 자부심이 느껴집니다.

2019년과 2020년에 출간된 이 책들은 2025년 현재까지도 교보문고 'MD의 선택'을 받고 있습니다. 매달 쏟아지는 신간 도서 홍수 속에서 좋은 책으로 선정된 것은 정말 감격스럽고 감사한 일입니다.

작가님의 오랜 팬이었다면 또 하나의 기회를 만들 수 있다!

《까칠한 조땡의 파워포인트 디자인》 교보문고 바로 가기
https://product.kyobobook.co.kr/detail/S000001978769

《까칠한 조땡의 인포그래픽 디자인》 교보문고 바로 가기
https://product.kyobobook.co.kr/detail/S000001984768

하지만 대부분의 1인 출판사 운영자분들은 직접 작가를 섭외해야 하는 상황을 마주하게 될 것입니다. 운이 좋게 주변에 글을 쓰는 지인이 있다면 좋겠지만, 그렇지 않다면 다음과 같은 방법들을 참고해보시길 바랍니다.

1. 작가 섭외를 위한 방법

- 블로그, 브런치, SNS 등에서 글을 꾸준히 쓰는 사람을 찾는다.
- 강연, 수업, 포럼 등에서 콘텐츠가 있는 사람에게 직접 접근한다.
- 작가 지망생 커뮤니티에 출간 제안을 올린다.
- 지인에게 소개를 부탁한다.

작가와의 협업에서 가장 중요한 것은 출판사의 기획의도와 작가의 방향이 잘 맞는가입니다. 필력이 아무리 뛰어나더라도 책의 방향성과 어긋난다면, 출간까지의 여정이 순탄하지 않을 수 있습니다. 책은 작가의 머리와 마음에서 시작되지만, 그것을 물성으로 구현해내는 일은 출판사의 몫입니다. 작가는 무대 위의 주인공이고, 출판사는 그 무대를 설계하고 조명하는 조력자입니다. 출판사는 작가를 빛나게 해주는 파트너이자, 한 권의 책을 완성하는 공동 책임자입니다.

서로의 역할을 이해하고 존중하며, 함께 만들어간다는 인식이 있을 때 비로소 한 권의 책은 완성도 높은 결과물로 탄생할 수 있습니다.

디자이너 찾기

책은 내용만큼이나 겉모습, 즉 디자인도 중요합니다. 그중에서도 표지 디자인은 독자가 책을 처음 마주하는 순간 받게 되는 인상이자, 그 책이 어떤 분위기와 메시지를 담고 있는지를 시각적으로 전달하는 핵심 요소입니다.
'좋은 디자인'이란 단순히 예쁘게 만드는 것을 의미하지 않습니다. 책의 주제와 감정, 메시지를 한 장면에 담아내는 일이며, 그렇기에 디자이너와의 협업은 출판 과정에서 매우 중요한 단계 중 하나입니다.

저 역시 처음에는 디자이너를 어떻게 찾아야 할지 막막했습니다. 그러다 '꿈꾸는 책공장' 카페를 둘러보다가 이름이 인상적인 디자인팀의 광고 글이 눈에 띄었습니다. 글보다 먼저 이름이 끌렸고, 자연스럽게 게시글을 클릭해봤습니다. 디자이너 2명이 한 팀을 이루어 작업한다는 점이 흥미로웠고, 연결된 블로그에 들어가 포트폴리오를 살펴보니, 정성껏 작업한 결과물들이 인상 깊었습니다. 무엇보다 댓글 하나하나에 성실히 답하는 모습에서 진심과 책임감이 느껴졌습니다. 조심스레 용기를 내어 전화를 걸었고, 이후 오프라인 미팅까지 진행했습니다.

직접 만나 이야기를 나누어 보니 예상보다 훨씬 더 잘 맞는다는 확신이 들었고,

그 팀과 작업을 함께하기로 결정했습니다. 그렇게 시작된 인연은 어느덧 7년째 함께 작업하는 든든한 협업 관계로 이어졌습니다. 지금은 단순한 디자이너와 의뢰인의 관계를 넘어, 든든한 동지애가 느껴지는 관계가 되었습니다. 출판사와 디자이너 사이에도 이런 관계가 만들어질 수 있다는 것을 전하고 싶습니다.

디자인은 물론, 진심까지 함께 그리는 든든한 동지
얼앤똘비악
www.earlntolbiac.com

디자인 스튜디오 얼앤똘비악

그렇다면, 디자이너는 어디서 찾을 수 있을까요?

1. 디자이너 찾는 방법

- 포트폴리오 검색: 비핸스, 블로그 등에서 출판 경험이 있는 디자이너를 찾기
- 프리랜서 플랫폼 활용: 탈잉, 크몽, 위시켓 등
- 콘텐츠 기반 플랫폼 탐색: 블로그, 브런치, 텀블벅 등에서 직접 글과 디자인을 병행하는 사람 탐색
- 지인 소개 또는 이전 작업 디자이너 재섭외
- 출판 네트워킹 모임 참여: 플랫폼P, 스토리지북앤필름, 꿈꾸는 책공장 등 워크숍과 공동 프로젝트에서 자연스러운 연결 가능

  (※ 특히 '꿈꾸는 책공장' 카페의 구인·구직 게시판은 실제 출판 경험이 있는 디자이너와 연결되기 좋은 채널입니다.)

1인출판 꿈꾸는 책공장(https://cafe.naver.com/bookfactory)

디자인 작업은 생각보다 긴 시간을 함께하는 과정입니다. 짧게는 한 달, 길게는 1년 이상 걸릴 수 있으며, 표지 시안 작업부터 피드백, 수정 요청, 인쇄 대응까지 꾸준한 소통이 필요한 협업입니다. 따라서 단순히 포트폴리오만 보고 판단하기보다는 디자이너의 성향, 소통 스타일, 작업 방식이 나와 맞는지를 먼저 고려해보는 것이 중요합니다.

디자이너를 선택할 때, 다음 항목을 체크해보세요.

구분	체크 내용	확인
출판 디자인 경험 유무	이전 출판물 작업 사례가 있는지, 유사한 장르의 작업 경험이 있는지 확인해보세요.	☐
소통 방식과 피드백 수용 태도	요청에 유연하게 대응하는지, 기획방향에 맞는 제안을 해줄 수 있는지도 중요합니다.	☐
계약 조건의 명확성	작업비, 마감 일정, 수정 횟수, 인쇄용 파일 제공 여부 등은 반드시 사전에 명확히 정해야 합니다.	☐
실무적 이해도	종이 선택, 바코드 위치, 제본 방식 등 인쇄 과정에 대한 기본적인 이해를 갖추고 있는지도 살펴보시기 바랍니다.	☐
비용 및 일정 협의 여부	디자인 비용, 작업 기간, 수정 조건 등은 계약 전 반드시 충분히 협의하시는 것이 좋습니다.	☐

디자이너 선정 체크 리스트

책의 내용이 작가의 얼굴이라면, 디자인은 그 책의 옷이자 첫인상입니다. 좋은 디자이너와 만나는 일은 때로 우연처럼 시작되지만, 그 인연이 오랜 시간 믿고 함께할 동반자가 되기도 합니다. 1인 출판사라고 해서 품질이 떨어질 이유는 없어요. 진심을 담은 협업을 통해 충분히 멋진 책을 만들어낼 수 있습니다.

편집자 찾기

요즘은 AI가 글을 쓰고 다듬어주는 시대입니다. 그래서 가끔은 '이제는 편집자가 필요 없는 거 아닌가?' 하고 생각하시는 분들도 계십니다. 하지만 실제 출간 작업에서는 여전히 편집자의 역할이 필수적입니다.

아무리 인공지능이 발전해도, 편집자의 '매의 눈'이 필요한 순간은 여전히 많습니다. 무엇보다 책은 한번 인쇄되고 나면 되돌릴 수 없는 매체입니다. 그래서 인쇄 직전까지도 가능한 한 무결점에 가까운 완성본을 만들어야 하지요. 이 작업을 책임지는 사람이 바로 편집자입니다.

애드앤미디어의 편집을 맡아주고 계신 편집장님은 매번 원고에 대한 빠른 이해와 정확한 오탈자 확인으로 깊은 감탄을 자아내게 하십니다. 작가가 생각하지 못한 부분까지 짚어내주시고, 출판사의 의도를 정확히 이해해주시는 분과 함께 작업할 수 있다는 것은 출판사 입장에서 정말 큰 행운입니다.

책 작업은 작가, 디자이너, 편집자 간의 긴밀한 협업으로 이루어지는 고도의 팀플레이입니다. 그래서 저는 늘 "출판은 결국 사람이 전부다"라고 말하곤 합니다. 저희 편집자님 역시 디자인팀의 소개로 인연이 닿았습니다. 영화 〈기생충〉의 한 대사가 떠오르더군요.
"믿는 사람의 소개로 연결되는, 일종의 믿음의 벨트."

출판 일을 하며 저는 이 '믿음의 벨트'가 얼마나 중요한지, 실감하며 일하고 있습니다. 영화 속에서는 이 대사가 믿음에 대한 신봉을 냉소적으로 표현하지만, 무조건적인 신봉이 아닌, 검증된 소개를 통한 연결은 큰 힘이 될 수 있습니다.

1. 편집자는 어떤 일을 할까요?

편집자는 작가가 쓴 원고를 '책'으로 완성시키는 사람입니다. 글의 구성과 흐름을 점검하고, 문장을 다듬으며, 오탈자를 잡아냅니다. 내용의 적절성과 논리성, 표현의 정확성까지 살피면서, 한 권의 책이 독자에게 부끄럽지 않게 나올 수 있도록 마무리해 줍니다. 출간 과정에서 가장 긴밀하게 소통하게 되는 파트너이기도 하지요.

1) 편집자의 역할
- 글의 흐름과 구성 점검
- 문장 다듬기와 오탈자 교정
- 내용의 논리성과 표현의 정확성 확인
- 인쇄 전 최종 점검

2. 꼭 외부에 편집을 맡겨야 할까요?

1인 출판사의 경우 대표가 직접 편집을 맡는 경우도 많지만, 원고 분량이 많거나, 전문성이 필요한 경우, 혹은 교열이 특히 중요한 책의 경우에는 편집자와 협업하는 것이 좋은 선택입니다.

1) 편집자를 찾는 방법
- 북에디터: 국내 대표 출판 구인 플랫폼
- 퍼블리랜서: 다양한 출판 프리랜서 커뮤니티
- 대한출판문화협회 구인 게시판
- 일반 채용 플랫폼: 사람인, 원티드 등
- 네이버 카페/페이스북 그룹: '1인 출판사', '독립출판' 커뮤니티
- 출판 교육 수료생 네트워크: 서울출판예비학교, 한겨레교육 등

2) 편집자 협업 시 꼭 확인해야 할 것들
- 경력과 포트폴리오: 참여 도서, 기획·교정·교열 경험
- 작업 범위와 조건: 어떤 단계까지 맡길지 명확히
- 일정과 비용 협의: 소요 시간, 수정 횟수 등 사전 조율

편집자는 단순히 문장을 다듬는 기술자가 아닙니다. 출간의 실무 책임자이자 책의 두 번째 저자와도 같은 존재입니다. 서로에 대한 신뢰와 존중이 바탕이 되어야 책의 완성도도 자연스럽게 높아집니다. 1인 출판사라도 좋은 편집자와 함께라면 책은 더 단단하고 믿음직한 결과물로 완성될 수 있습니다.

인쇄소 찾기

원고가 완성되고, 디자인까지 마무리되었다면 이제 책은 인쇄소로 넘어갑니다. 인쇄소는 출판이라는 창작의 결과물을 물리적인 책으로 구현해주는 곳입니다. 디자인 파일을 손에 잡히는 책으로 바꾸는, 출판 과정의 마지막이자 핵심 단계죠. 하지만 처음 인쇄소를 찾으려 하면, 어디를 기준으로 선택해야 할지 막막하게 느껴집니다. 지인의 추천, 저렴한 가격, 장비의 우수성 등 다양한 요소가 고려될 수 있지만, 실제로는 책의 완성도, 납기 일정, 소통 방식 등 전반에 영향을 미치는 중요한 결정이라는 걸 곧 알게 될 것입니다.

인쇄소는 지역별로 몰려 있는 경우가 많습니다. 충무로, 영등포, 파주 등 주요 지역에는 크고 작은 인쇄소가 밀집해 있죠. 저도 처음에는 무작정 충무로 일대 인쇄소에 찾아가 "이런 책을 만들고 싶은데, 비용이 얼마나 들까요?"라고 물었습니다. 하지만 대부분은 바쁘다는 이유로 상담을 받는 것조차 어려웠습니다. 그 뒤에는 인터넷을 통해 몇몇 인쇄소를 찾아 전화를 걸었고, 그중 상담을 친절하게 해주는 곳을 직접 방문해 견적을 받고, 시설도 둘러보며 담당자와의 소통도 확인했습니다. 결국 상담이 잘되고 규모도 안정적인 한 인쇄소를 선택하게 되었고, 지

금까지도 같은 인쇄소와 인연을 이어가고 있습니다.

그때 만난 첫 담당자님은 책 제작에 필요한 세세한 요구 사항과 일정 등을 꼼꼼히 조율해주셨고, 저희는 그 신뢰 덕분에 안심하고 계속 맡길 수 있었습니다. 인쇄소는 단순한 출력업체가 아니라, 출판 파트너로서 비용보다도 신뢰와 소통이 가장 중요한 선택 기준임을 그때 처음 배웠습니다.

새한문화사

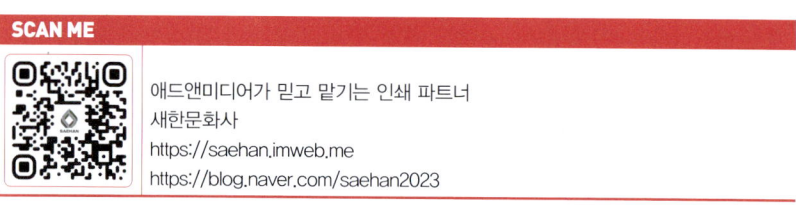

애드앤미디어가 믿고 맡기는 인쇄 파트너
새한문화사
https://saehan.imweb.me
https://blog.naver.com/saehan2023

1. 인쇄소 선택 기준

1) 소통과 신뢰성

담당자와의 커뮤니케이션이 빠르고 정확한지, 요청과 변경에 유연하게 대응하는지를 확인하세요.

2) 견적 비교와 투명성

동일 사양으로 여러 인쇄소에 견적을 받아 비교하고, 견적서 구성(인쇄비, 종잇값, 부가비용 등)이 투명한지도 살펴보세요.

3) 인쇄 품질과 경험

출판물 제작 경험이 풍부한 인쇄소인지, 샘플 도서나 포트폴리오를 통해 인쇄 품질을 직접 확인하는 것이 좋습니다.

4) 소량 인쇄 가능 여부

1인 출판사는 소량 인쇄로 시작하는 경우가 많습니다. POD(주문형 인쇄)나 디지털 인쇄가 가능한지도 체크하세요.

5) 종이 및 제본 옵션 다양성

다양한 제본 방식(무선, 양장, 중철 등)과 종이 종류를 선택할 수 있는 인쇄소가 좋습니다. 종이 샘플 제공 여부도 중요한 기준입니다.

6) 일정 준수와 납기 신뢰도

납기를 잘 지키는지, 일정 지연 시 대응이 신속한지 확인하세요. 인쇄 일정은 유통 및 홍보 일정과도 직결됩니다.

인쇄소를 찾는 경로는 다양합니다. 다음은 실제로 많이 활용되는 방법들입니다.

2. 인쇄소를 찾는 방법

1) 오프라인 인쇄소 직접 방문

을지로, 충무로, 성수동 등 인쇄소 밀집 지역을 방문해 상담해보세요. 종이 샘플을 직접 보고 만질 수 있어 초보 출판사에게 유리합니다.

2) 온라인 인쇄 플랫폼 이용

북토리, 성원애드피아, 레드프린팅 등에서 자동 견적 기능을 활용해 다양한 인쇄소를 비교할 수 있습니다.

3) 출판 커뮤니티 및 워크숍 정보 활용

독립출판 워크숍이나 블로그, 네이버 카페 등에서 추천 인쇄소 정보를 참고해보세요. 유사 규모의 출판사 후기가 특히 유용합니다.

4) 공식 검색 시스템 활용

문화체육관광부 출판사·인쇄사 검색 시스템(book.mcst.go.kr)이나 인디펍 등 플랫폼에서 지역별 인쇄소를 찾을 수 있습니다. 부가 서비스 제공 여부도 함께 확인 가능합니다.

책마마 엄대표의 Tip. 인쇄는 이렇게 하세요!

- 무작정 견적을 요구하면 다 거절당합니다. 미리 발주서를 작성해서 견적을 요청하세요. 발주서 양식은 117페이지에 있습니다.
- 처음에는 300~500부 정도의 소량 인쇄로 테스트해보세요.
- 가제본을 꼭 하세요. 본 인쇄 전 최종 점검이 가능해 더 안전합니다.

물류센터 찾기

책이 인쇄를 마치면 보관, 포장, 배송이라는 유통 단계가 시작됩니다. 이 역할을 맡는 곳이 바로 물류센터인데요, 특히 1인 출판사에는 현실적으로 가장 큰 부담이 되기도 합니다. 공간, 시간, 체력이 모두 필요한 작업이기 때문이죠. 그래서 많은 출판사가 도서 전문 물류센터(배본사)와 계약해 책을 일정 수량 보관하고, 주문이 들어오면 검수부터 포장, 발송까지 대행하도록 맡기고 있습니다. 창고나 인력이 없는 1인 출판사에는 유통과 출고를 간소화할 수 있는 현실적인 대안입니다.

애드앤미디어도 물류센터를 운 좋게 찾을 수 있었습니다. 파주에 있는 인쇄소에 책 제작을 문의하던 중, 함께 일해본 물류센터를 추천해달라고 부탁드렸고, 그중 한 곳을 소개받았습니다. 다른 곳에 비해 창고 관리가 체계적으로 잘되어 있고, 이용 비용도 합리적이었습니다. 좋은 인연을 소개받은 셈이죠.

물류센터는 한번 계약하면 바꾸기 어려운 만큼, 신중한 선택이 필요합니다. 저희는 처음부터 지금까지 '런닝북' 한 곳을 이용하고 있습니다. 친절한 고객 응대, 정확하고 깔끔한 배송, 부담 없는 관리 비용까지 모두 만족스러워 오랜 시간 신뢰하며 함께하고 있습니다.

런닝북

친절하고 체계적이며, 합리적인 비용의 출판 물류센터
런닝북
http://runningbook.co.kr

물류센터를 선택할 때는 다음과 같은 요소들을 종합적으로 고려하셔야 합니다.

1. 물류센터 선택 시 체크 포인트

1) 당일 도서 물류 서비스 제공
예스24, 알라딘, 인터파크 등 주요 온라인 서점과의 당일 배송 연계 시스템이 구축되어 있어야 합니다. 이를 위해서는 황금날개, 드림날개 등 서점 연계 물류 시스템과의 협업이 필수적입니다.

2) 보관료 및 출고 수수료 구조
보관은 월 단위, 출고는 건당 과금 구조가 일반적입니다. 월 고정비를 파악해 예상 지출을 계산해보세요.

3) 재고 및 정산 시스템 제공 여부
실시간 재고 확인, 정산 내역 열람이 가능한 자체 시스템이 있는지 확인하세요.

4) 배송 속도와 정확도
일일 주문에 대한 발송 속도, 반품·오배송 대응 능력도 중요합니다.

5) 담당자의 소통 능력과 응대 태도
문의에 대한 응답이 빠르고 정확한지도 중요한 기준입니다. 물량이 적을 때부터 신뢰 관계를 쌓아가는 것이 중요합니다.

2. 물류센터 찾는 방법

1) 온라인 검색
'도서 배본사', '출판사 물류대행' 키워드로 검색하세요.

2) 출판 커뮤니티 후기 참고
네이버 카페, 독립출판 포럼 등 실제 이용자들의 피드백을 참고하세요.

3) 유통사나 서점에 문의

ISBN 등록 및 입점 과정에서 추천 배본사를 소개받을 수 있습니다.

4) 유통 플랫폼 입점 시 연계

인디펍 등 플랫폼에 입점하면 자체 물류센터와 자동 연결되기도 합니다.

3. 대표적인 물류센터

1) 런닝북

1인 출판사 전용 풀필먼트 업체입니다. 900여 개의 출판사가 이용 중입니다. 친환경 포장, 유통 연계가 강점입니다.

2) 인디펍

독립출판 전문 유통·물류 플랫폼입니다. 유통정보시스템을 제공하고, 다수의 서점과 제휴하고 있습니다.

3) 문화유통북스

파주 출판도시를 기반으로 합니다. 대형 물량을 대응할 수 있고, 자동화 시스템이 장점입니다.

4) 날개, 수레사, 고려출판물류

수도권 중심의 전통적인 배본사입니다. 중소, 1인 출판사도 이용 가능합니다.

책마마 엄대표의 Tip. 모든 협력사와의 관계에서 약속은 기본입니다

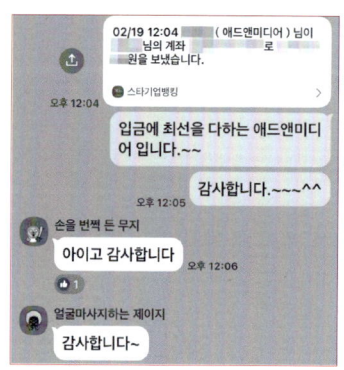

모든 협력사와의 관계에서 가장 기본은 인사를 잘하고, 약속을 지키는 것입니다. 여기에 제가 꼭 더하고 싶은 키포인트가 하나 있다면, '빠른 결제 습관'입니다. 저는 일이 마무리되고 계산서를 받으면 가능한 한 당일 안에 정산하려고 합니다.
이런 작지만 꾸준한 실천이 쌓여, 신뢰를 만들고 협력 관계를 오래 유지하는 데 큰 힘이 되었다고 생각합니다.

책의 부위별 명칭
완전 정복

〈책마마 엄대표의 출판 일기〉

도비라, 세네카, 나오시, 가가리*…
낯설기만 한 이 단어들이 익숙해지면, 그때 나는 진짜 '출판인'이 되어 있겠지?

* 도비라 : 속표지, 장 제목 페이지
  세네카 : 책등
  나오시 : 수정할 것, 고칠 것, 불량품
  가가리 : 실 매기, 한 페이지의 크기로 접은 종이(접장)를 실로 엮어 맞추는 것

책 한 권은 단순히 '표지'와 '내용'만으로 이루어지지 않습니다. 출판 실무에서는 책의 외형 구조부터 내부 구성까지 다양한 부위별 명칭이 있으며, 이 각각은 제작, 인쇄, 제본 과정에서 정확하고 중요한 역할을 합니다. 편집자와 디자이너뿐 아니라 저자, 마케터, 출판사 대표 모두가 기본적인 용어를 이해하고 있어야 협업이 훨씬 수월해집니다. 저도 처음 책을 만들 때를 떠올리면 아직도 아찔한 순간들이 생각납니다.

"면지는 어떤 색으로 할 건가요?"
"책등 사이즈는 계산하셨나요?"

인쇄소의 질문 하나하나에 당황하며, 묻고, 검색하고, 확인하며 하나하나 배워갔습니다. 저처럼 모든 것을 처음부터 겪으시는 분들이 조금이라도 더 수월하게 이 과정을 지나가시길 바라는 마음으로 준비했습니다.

여기서는 책을 구성하는 주요 명칭들과 함께, 실무에서 자주 사용되는 기본 용어의 의미를 간단하고 알기 쉽게 정리해보겠습니다.

용어	간단 설명
앞표지	책의 앞면 겉장. 제목, 저자, 출판사명 등이 포함됨.
뒤표지	책의 뒷면. 책 소개, 저자 소개, 바코드 등이 있음.
책등	앞뒤 표지를 연결하는 옆면. 제목, 저자명이 인쇄됨.
등글자	책등에 인쇄된 글자. 보통 세로쓰기.
덧표지(재킷)	탈부착 가능한 겉표지. 양장본에 주로 사용.
책날개	덧표지의 안쪽 접힌 부분. 저자, 출판사 정보 등 포함.
띠지	책 표지에 둘러싼 얇은 종이. 홍보 문구 등을 인쇄.
면지	표지와 내지를 연결하는 두꺼운 종이. 제본 보강용.
가름끈	책갈피 역할의 끈. 양장본에 사용.
머리띠(꽃천)	책등 위·아래 장식용 천.
책섶	책등 쪽 종이나 천이 앞표지를 덮는 부분.
표지턱	양장 표지가 내지보다 약간 돌출된 부분. 내구성 강화.
모서리	표지의 네 귀퉁이. 디자인 마감의 완성도 판단 기준.

책 외부 명칭

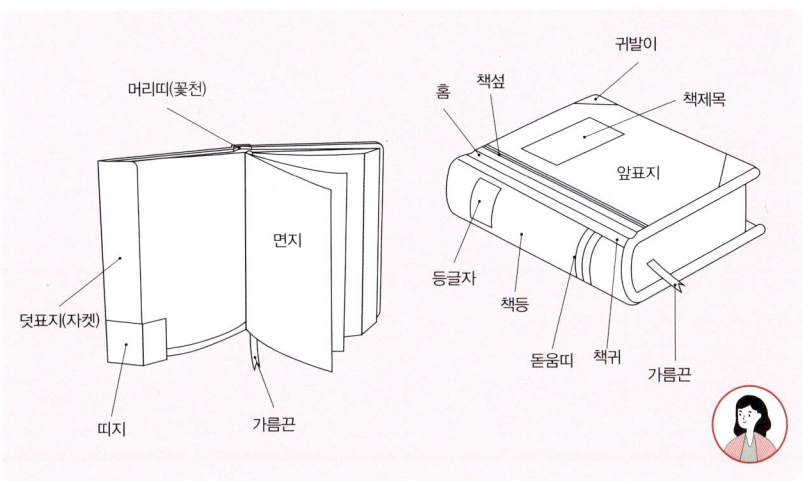

책 외부 명칭 표시

용어	간단 설명
속표지	제목, 저자, 출판사명이 다시 적힌 페이지. 본문 전 위치.
반표제지	제목만 간단히 적힌 페이지. 속표지 앞에 위치.
판권지	ISBN, 저작권, 출간일 등 책의 법적 정보 수록 페이지.
본문	실제 내용이 담긴 책의 주요 부분.
머리말/서문	책의 기획의도, 배경 등을 소개하는 글. 본문 전 위치.
차례	책의 구조를 보여주는 목차.
참고문헌	인용 자료의 출처 목록.
제본선	책 중앙 이음매 부분. 여백 설정 시 고려 필요.

책 내부 명칭

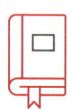

서점과 계약하기,
출판 유통의 모든 것

<책마마 엄대표의 출판 일기>

파주에 있는 교보문고를 처음 찾았을 때, 비로소 실감이 났다.
'이제 정말 시작이구나.'

서점과의 첫 계약이라
바짝 긴장되었는데,
로비에서 자판기 커피를 뽑아 들고는
아무렇지 않은 척, 태연한 척했다.

책이 어느 정도 완성 단계에 접어들면, 이제 판매 채널 확보를 본격적으로 고민해야 합니다. 저 역시 출판을 시작하며 가장 막막했던 부분이 바로 계약 절차였습니다. 계약서라고는 집 계약할 때 도장 찍어본 것이 전부였으니, 걱정이 앞서는 것은 당연했죠.

교보문고와 계약하러 갔을 때는 인감증명서를 깜빡해서 처음 가본 파주에서 관공서를 찾아 헤맸었고, 예스24와 계약하러 갔을 때는 인감도장을 안 가져가 결국 집으로 되돌아간 적도 있었어요. 지금은 웃으며 이야기할 수 있지만, 당시에는 옷이 땀으로 흠뻑 젖을 만큼 긴장했던 순간들이었습니다.

책 판매는 종이책과 전자책, 온라인과 오프라인 서점에 따라 방식이 다릅니다. 같은 판매처에서 여러 형태의 유통을 함께 운영하기도 하고, 한 가지만 선택적으로 진행하는 곳도 있습니다.

종이책은 대형 오프라인 서점, 독립 서점, 온라인 서점, 심지어 쿠팡이나 카카오커머스 같은 커머스 플랫폼에서도 판매할 수 있습니다. 전자책은 각 온라인 서점과 밀리의서재, 리디북스, 윌라와 같은 전자책 플랫폼을 통해 유통됩니다. 이 모든 과정은 각 판매처와의 계약을 통해 시작됩니다.

여기서는 1인 출판사 운영자도 충분히 해낼 수 있는 실전 중심의 계약 절차를 정리해드리겠습니다.

온라인 서점 계약

책을 만들었다면, 이제는 온라인 서점 입점을 준비해야 합니다. 그 첫 단계가 바로 온라인 서점과의 계약입니다. 1인 출판사도 교보문고, 예스24, 알라딘 등 주요 온라인 서점에 직접 입점할 수 있으며, 유통 대행사를 통하지 않고도 계약할 수 있습니다. 필요한 서류만 준비하면 누구에게나 열려 있는 길입니다.

구분	대표 플랫폼
종이책(온라인)	교보문고, 예스24, 알라딘
종이책(총판/오프라인)	웅진북센, 한국출판협동조합, 교보문고(총판 기능)
전자책	교보문고, 예스24, 알라딘, 밀리의서재, 리디북스, 윌라, 부커스

대표 온·오프라인 서점 플랫폼

1. 온라인 서점 입점 절차

- 서점 홈페이지의 '협력사 신청' 또는 '신규 거래처 등록' 메뉴를 통해 신청서 작성
- 서점 담당자와 연락해 계약서 작성 및 전자 서명 완료(※ 대부분 비대면 전자계약 방식으로 간편하게 진행됩니다.)

2. 입점 시 필요한 서류

- 사업자등록증 사본
- 사업자 통장 사본
- 출판사 신고증(요구 시)
- ISBN이 부여된 도서 견본 1~2권
- 인감증명서 및 인감도장(일부 서점은 요구)
- 배본사 계약서 사본(물류 유통 증빙용)
- 전자책 등록 시: eBook 파일, 표지 이미지, 전자책 ISBN 등

특히 도서 견본 1~2권은 신생 출판사 검증에 중요한 서류입니다. 직접 완성본을 보여주면 계약이 더 원활해질 수 있습니다. 만약 완성본이 없다면, 출간 예정 도서 리스트와 기획서를 준비해 가시는 것도 큰 도움이 됩니다.

3. 서점별 계약 특징 및 팁

교보문고	온라인과 오프라인 계약 동시 가능 견본 도서 2권, 인감증명서, 배본사 계약서 등 추가 서류 필요 계약 방식: 우편 또는 본사 방문 접수
예스24	신규 거래 신청 → 전자 계약 진행 서류 제출 후, 담당자와 계약 절차 진행 전자 계약용 공동인증서 필요
알라딘	신규 거래 신청 → 전자 계약 진행 계약서 2부 작성 및 인감 날인 후 등기우편 발송 견본 도서와 서지 정보는 이메일과 우편 모두 제출

서점별 계약 진행 절차

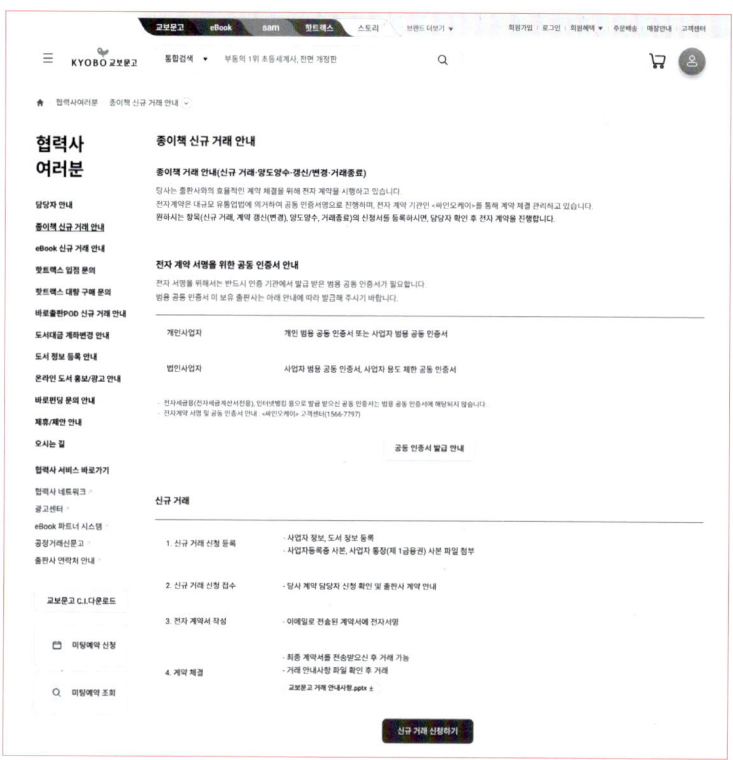

교보문고 도서 신규 거래 신청(https://www.kyobobook.co.kr/partners/book-new-guide)

예스24 도서 신규 거래 신청(https://www.yes24.com/company/supplierform.aspx)

CHAPTER 1. 출판의 로망을 현실로 만드는 첫걸음

알라딘 도서 신규 거래 신청(https://www.aladin.co.kr/supplier/wsupplier_confirm.aspx)

서점과의 계약 조항 핵심 정리

1. 표지·책정보 등록

1) 도서 등록 시 노출 내용: 제목, 저자, 소개, 목차 등 서점에 노출되는 정보 범위 확인
2) 표지 이미지와 메타데이터 업로드 방식: 서점별 시스템으로 반영되는지 확인

2. 공급률(가격 비율)

1) 기본 공급률 확인: 공급률 60% → 정가 10,000원 중 6,000원이 출판사 수익
2) 이원화 공급률 구조: 주문량에 따라 공급률이 달라지는지 확인(예: 1~49권 65%, 50권 이상 60%)
3) 서점별 조건이 상이하므로 반드시 계약서에 명시된 수치 확인

3. 정산 방식 및 주기

1) 정산 주기: 월별, 분기별 등 어느 시점에 정산하는지 확인

2) 정산 시점 기준: 주문일 기준인지, 출고일 기준인지 확인

3) 지연·환불 처리: 반품·취소 발생 시 정산에 어떻게 반영되는지 확인

4. 계약 형태 및 독점 여부

1) 계약 형태: 단독(독점) 또는 복수(비독점) 여부 확인

2) 독점 계약 시: 공급률이 높을 수 있지만 타 서점 유통에 제한 발생 가능

5. 계약서 검토 및 법적 권리

1) 주요 조항 검토: 저작권 귀속, 출판권 설정, 계약 해지 조건, 추가 수수료 등

2) 계약 방식 확인: 전자계약 또는 서면계약(우편) 등

6. 입고 및 유통 조건

1) 입고 부수, 반품 조건, 물류비 부담 여부 확인

2) 유통 대행사 이용 시 주의사항
   - 런닝북, 북센 등 통해 다수 서점 일괄 입점 가능
   - 별도 수수료 및 계약 조건 확인 필수

7. 출판사 등록 및 사업자 요건

1) 필수 서류: 출판사 신고 확인증, 사업자등록증, 사업자 통장 등

2) 세금 구분: 부가가치세 면세사업자로 등록

3) 업태·업종: 반드시 '서적'으로 기입

8. 저작권 및 2차 저작물 권리

1) 저작권 귀속 조건 확인

2) 전자책, 오디오북, POD 등 2차 저작물 권리에 대한 조항 확인
3) 일부 서점은 2차 저작물 권리를 요구할 수 있으므로 주의 필요

9. 계약 기간 및 갱신 조건

1) 계약 기본 기간(예: 1년, 2년)
2) 자동 갱신 여부 및 갱신 조건
3) 중도 해지 조건 및 위약금 조항

책마마 엄대표의 TIP. 서점 공급률을 확인하세요!

서점과의 계약에서 가장 중요한 항목은 공급률입니다.
신생 출판사의 경우에는 보통 60% 수준에서 계약을 시작하게 됩니다. 정가 10,000원인 책이 판매되면 출판사가 받는 금액은 6,000원이라는 의미입니다. 계약 초기에는 서점이 제시하는 기본 조건을 그대로 수락하는 경우가 많지만, 일정한 판매 실적이 쌓이면 공급률 조정을 요청할 수 있는 여지도 생깁니다.
저의 경우, 처음에는 60%로 계약했던 온라인 서점과의 거래에서 2년간의 판매 실적을 기준으로 직접 공급률 조정을 요청하는 메일을 보내 65%로 상향 조정한 경험이 있습니다.
따라서 계약 전에는 공급률이 몇 퍼센트로 설정되어 있는지 반드시 확인하고, 필요시 협상을 시도해보는 것도 매우 중요합니다.

총판 유통사 계약

전국 각지의 오프라인 서점에 책을 유통하고 싶다면, 총판 계약이 필요합니다. 출판사와 계약한 총판은 출판사로부터 책을 공급받아 전국 서점에 유통하고, 정기적으로 판매 대금을 정산해주는 유통사 역할을 합니다.

1. 대표 총판(유통사)

1) 웅진북센
2) 한국출판협동조합
3) 북플러스
4) 런닝북

2. 계약 시 꼭 확인할 것들

1) 공급률: 보통 출고가의 60~65% 수준
2) 정산 주기 및 방식: 현금 또는 어음 지급 방식, 지급 주기
3) 반품 조건: 반품 가능 기간, 반품 수수료
4) 입고 수량 및 보관료: 초기 입고 수량 기준, 장기 보관 시 비용 등

3. 계약 전 준비 체크 리스트

1) 사업자 등록 및 출판사 신고
2) ISBN 발급, 바코드 부착
3) 사업자 통장 개설
4) 물류센터(배본사)와의 계약
5) 책 견본 준비
6) 서점별 거래 조건(공급률, 정산 주기, 반품 등) 미리 파악

4. 카카오 비즈니스 입점 방법

출판사는 직접 카카오 비즈니스 플랫폼에 입점할 수 있습니다. 하지만 주문 관리, 배송 처리 등 전체 운영을 직접 관리해야 해서 1인 출판사 입장에서는 다소 부담스러울 수 있습니다.

출판사가 '카카오톡 선물하기'에 직접 입점할 필요는 없습니다. 예스24나 교보문

고에 '카카오톡 선물하기' 연동을 요청하면, 서점 측에서 상품을 바로 발송하도록 설정할 수 있습니다. 신간이 나오면 곧바로 카카오톡에서 선물하기 기능이 활성화되며, 유통·정산도 기존 서점 시스템을 그대로 쓰기 때문에 1인 출판사 입장에서는 절차가 간편하고 운영 부담이 훨씬 덜합니다.

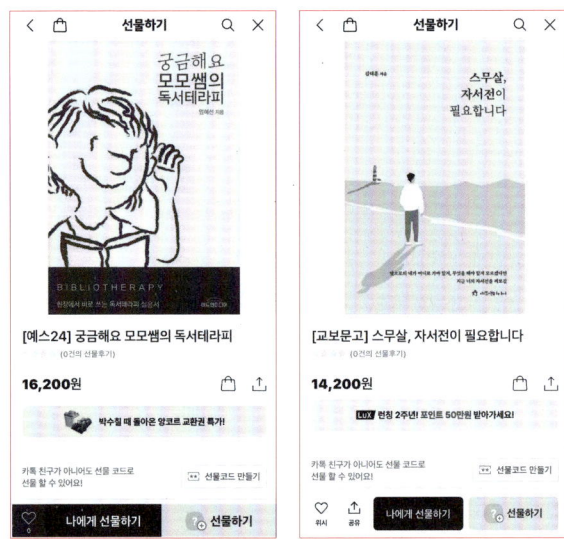

'카카오톡 선물하기'가 가능한 애드앤미디어 책들(예스24, 교보문고 직접 배송)

책마마 엄대표의 TIP. 인감증명서는 한 번에 여러 장 발급받으세요

각종 계약에는 반드시 인감증명서가 필요합니다.
저는 초반에 이 사실을 몰라, 서점 계약을 할 때마다 주민센터를 들러야 했습니다. 결국 인감증명서를 떼러 6번이나 갔던 것 같아요. 이 책을 보시는 여러분은 저처럼 고생하지 마시고, 처음 주민센터를 방문할 때 인감증명서를 여러 장 미리 준비해두세요. 각 서점 계약 시 서류 제출이 훨씬 수월해집니다.

전자책 플랫폼

국내 전자책 플랫폼은 단순한 '책 읽기'를 넘어 구독 모델, AI 추천, 오디오북, 독서 커뮤니티 등 다양한 기능과 콘텐츠로 경쟁하고 있습니다. 대표적인 플랫폼은 다음과 같습니다. 전자책 유통은 플랫폼의 유형에 따라 방식이 조금씩 다릅니다. 국내 전자책 플랫폼은 크게 구독형과 판매형(소장형)으로 나뉘며, 각각 특징과 정산 구조도 다릅니다.

판매형 전자책 플랫폼은 교보eBook, 예스24, 알라딘 등이고, 구독형 전자책 플랫폼은 밀리의서재, 리디북스, 윌라, 부커스 등이 있습니다.

구분	구독형 플랫폼	판매형(소장형) 플랫폼
대표 서비스	밀리의서재, 리디북스(리디셀렉트), 윌라, 부커스	교보eBook, 예스24, 알라딘
이용 방식	월정액 무제한 열람	개별 구매(소장/대여)
정산 구조	열람·대여 횟수 기반, 구독료 분배	판매가 기준 정률 정산
독자 경험	신간/오디오북/AI 추천/커뮤니티 등 부가 기능, 소장 불가	소장 가능, 할인·포인트 등 오프라인 연계
출판사 입장	구독자 수·열람 수에 따라 수익 변동, 신간 노출 효과	판매 실적에 따라 정산, 안정적 유통망

플랫폼 유형별 특징

전자책의 유통, 판매, 정산, 저작권 관리 등 다양한 요소를 포함합니다. 주요 계약 방식과 절차, 유의사항은 다음과 같습니다.

리디북스	• '리디셀러' 등록 → 서류 제출 → 전자 계약 • 승인 후 CP(콘텐츠 파트너) 계정 발급 → 전자책 업로드 • 등록 요건: 전자책 ISBN, 표지 이미지, ePub(PDF) 파일 등 • 리디 콘텐츠 제휴 문의 https://ospt.typeform.com/to/FWzlYV
밀리의서재	• contents@millie.town으로 입점 문의 메일 전송 • 계약서 및 필요 서류 전송 → 전자 계약 • 파트너 센터에서 전자책 등록 후 승인 절차 진행 • 정산 방식: 1카피당 25회 대여 후 갱신

전자책 계약 및 등록 절차

책마마 엄대표의 Tip. 전자책 플랫폼 계약 시 체크사항

- 구독형은 신간 홍보, 다양한 독자 접점, 꾸준한 노출에 유리하지만, 정산액이 판매형보다 낮을 수 있습니다. 판매형은 단권 판매에 집중해 고정 수익을 기대할 수 있습니다.
- 플랫폼별 등록 절차와 계약, 정산 구조가 다르므로 출판 목적, 독자층, 책의 성격에 따라 적합한 플랫폼을 선택하는 것이 중요합니다.

작가님과의 만남,
출판 계약 가이드

<책마마 엄대표의 출판 일기>

〈을과 갑 사이〉
신도림 테크노마트 1층, 카페베네는
작가님들과 나의 고정 미팅 장소였다.

커피잔을 사이에 두고 책 이야기를 나누다 보면,
어느새 나는 '을'이 되었고, 작가님은 '갑'이 되었다.

좋은 작가와의 만남은 1인 출판사의 가장 중요한 일입니다. 작가와의 관계는 출판사의 짝사랑 같기도 하고, 계약 결혼 같기도 합니다. 출판사가 좋아하는 작가는 다른 출판사에서도 좋아할 수밖에 없고, 계약해서 책을 출간했다고 하더라도, 다음 책을 우리 출판사에서 내줄지는 모를 일입니다. 작가의 마음이죠. 책을 만드는 과정과 결과가 아무리 좋다고 하더라도, 더 좋은 출판사로 갈 수 있는 게 작가의 자유의지니까요.

1인 출판사는 이런 불리한 '을'의 입장에서 아직 다른 출판사가 눈여겨보지 않은 잠재력 있는 작가를 발굴하고, 서로 신뢰를 쌓으며 관계를 유지하는 것이 최고의 투자 전략일 수 있습니다.

작가와의 인연은 원고 투고, 출판사 서치, 지인 소개 등 다양한 경로에서 시작됩니다. 애드앤미디어는 특히 기존 작가님들의 소개로 새로운 작가님을 만나는 경우가 많습니다. 이는 '출판사와의 작업이 좋았다'라는 강력한 신뢰의 증거이기도 합니다.

하지만 모든 만남이 곧 출간으로 이어지는 것은 아닙니다. 각 작가님의 취향, 개성, 타이밍을 존중하며, 관계에 따라 기다려야 할 때는 기다리고, 이끌어야 할 때는 용기를 내야 합니다. 결국 책은 사람이 만드는 일이기에, 작가와의 관계는 계약보다 신뢰와 따뜻한 교감이 먼저입니다. 여기서는 작가와의 계약에 대한 이모저모를 알아보도록 하겠습니다.

기억에 남는 저자 계약 사례

1. 잘 쓴 기획서 덕분에 3시간 만에 계약한 사례

코로나 팬데믹 시절, 대학원생이었던 한 작가님이 '메타버스'를 주제로 한 원고를 투고해주셨습니다. 기획서가 눈에 확 들어왔습니다. 직접 메타버스를 체험하고, 그 안에서 살아가는 대학생들의 이야기를 풀어낸 점이 신선했고, 사람들이 궁금해할 만한 지점을 정확히 짚고 있었기 때문입니다. 메일을 받고 바로 온라인 미팅을 진행했고, 기획서를 받은 지 단 3시간 만에 출간 계약이 성사되었습니다.

하지만 팬데믹이 예상보다 빠르게 종식되면서, 책은 기대했던 관심을 받지 못한 채 재고로 쌓이고 말았습니다. 코로나 이후의 흐름을 제대로 읽지 못한 제 판단이 아쉬웠던 경험이기도 합니다.

그러던 중, AI 시대가 본격적으로 열리며 챗GPT를 비롯한 생성형 AI에 관한 관

《나는 메타버스에 살기로 했다》
알라딘 바로 가기
http://aladin.kr/p/uPXe7

메일 받은 지 3시간 만에 계약한 책

심이 급격히 커졌습니다. 마침 작가님은 AI 기술과 프롬프트 엔지니어링 분야의 연구를 꾸준히 이어오고 있었고, "이제는 챗GPT 다음으로 프롬프트가 주목받게 될 것"이라며 새로운 출간 기획을 제안해주셨습니다. 그렇게 함께 기획한 두 권의 책, 《챗GPT가 쏘아올린 신직업 프롬프트 엔지니어》, 《프롬프트 엔지니어링 교과서》는 작가님의 예상대로 독자들의 뜨거운 반응을 얻으며 현재까지 베스트셀러에 있는 큰 성과를 거두었습니다.

《챗GPT가 쏘아올린 신직업 프롬프트 엔지니어》 알라딘 바로 가기
http://aladin.kr/p/Jz2ym

작가님과 함께 기획한 베스트셀러

지금은 작가님이 해당 분야의 선두 주자로 활발하게 강의 활동하시고, 스타트업 대표로서 사업도 성공적으로 이끌고 계십니다. 저희에게도 이 협업은 단순한 출간을 넘어선, 출판사로서 큰 보람과 자부심으로 남아 있습니다.

책은 단 한 권의 성패로 판단할 수 없으며, 긴 호흡으로 함께 성장해 나가야 한다는 것. 좋은 인연은 결국 콘텐츠와 사람, 둘 다를 믿고 기다리는 데서 시작된다는 것을 깊이 실감하게 된 사례입니다.

2. 신인 작가의 발굴

또 다른 작가님은 《시크릿 인스타그램》을 집필한 작가님의 소개로 만나게 되었습니다. 젊은 주부였던 이분은 부부 합산 소득이 200만 원이 채 되지 않았던 시절, 재테크에 관심을 갖고 스스로 공부하며 투자를 이어온 결과, 젊은 나이에 상당한 자산을 모으게 되었습니다.

"저처럼 재테크를 모르는 여성들에게 용기를 주고, 누구든 시작할 수 있다는 걸 보여주고 싶어요."

이 당찬 한마디가 저의 마음을 움직였고, 출간 계약까지 이어졌습니다. 그런데 문제는 작가님이 글을 써본 경험이 없었고, 책이 잘 팔릴지에 대한 확신도 없었다는 점이었습니다. 그래서 기획부터 함께했습니다. 목차를 잡고, 매 챕터마다 방향을 함께 조율하며 원고를 완성해 나갔습니다. 작가님이 글이 써지지 않는다며 '하루 1시간 온라인 글감옥'이라는 프로그램에 들어가 억지로라도 자신을 묶어두며 끝까지 써내려가는 성실한 모습을 보며 저 역시 감동을 받았습니다.

또, 판매를 위해서는 '팬덤'을 만들어야 한다는 판단 아래, 작가님은 자신의 재테크 경험과 정보를 공유하는 온라인 커뮤니티를 운영하며 독자와 직접 소통하기 시작했습니다. 커뮤니티에서 강의도 진행하며 자신의 콘텐츠 역량도 함께 키워나갔고요.

책이 출간된 후에는 작가님이 수백 권을 직접 구매해 주변에 알렸고, 커뮤니티 회원들의 자발적인 구매가 이어지며 첫 책을 낸 신인 작가로서는 놀라운 성과를 만들어냈습니다. 현재는 '달콤머니'라는 재테크 교육 프로그램을 론칭해 또 한 걸음 성장을 이어가고 있습니다.

이 경험을 통해 저는 확신하게 되었습니다. 1인 출판사의 대표는 원석을 발굴해 다듬고, 데뷔시키는 '콘텐츠 제작자이자 엔터테인먼트 프로듀서'와 같은 존재여야 한다는 것이었습니다. 잠재력을 믿고 함께 뛰면, 한 권의 책이 한 사람의 인생을 바꿀 수 있습니다.

SCAN ME

《네가 더 부자가 되면 좋겠어》
교보문고 바로 가기
https://product.kyobobook.co.kr/detail/
S000200436583

한 권의 책이 한 사람의 인생을 바꿀 수 있다!

출간 계약의 주요 내용

출판 계약은 저작권자(저자)와 출판사 사이에 저작물을 인쇄물(책)로 출간·판매할 권리와 조건을 명확히 정하는 공식 계약입니다. 일반적으로 '출판권 설정계약'이라고 하며, 저작권법에 따라 출판사가 저작권자로부터 책을 출판·유통할 권리를 부여받는 것을 의미합니다.

1. 인세율(저작권료)

일반적으로 종이책은 정가의 7~10%가 저자에게 지급됩니다. 초판 부수, 판매량, 전자책 출간 시 인세율(전자책은 보통 10~20%) 등도 명확히 기재해야 합니다.

2. 계약 기간

통상 3~5년으로 설정하며, 너무 긴 기간이 아닌지 반드시 확인해야 합니다. 저작권법상 별도 약정이 없으면 최초 출판일로부터 3년으로 간주합니다.

3. 출판권의 범위

종이책, 전자책, 오디오북, 2차 저작물(드라마, 영화 등) 활용 권한이 어디까지 포함되는지 명확히 해야 합니다. 배타적(독점) 또는 비배타적(비독점) 권리 여부도 확인이 필요합니다.

4. 저작권 및 저작인격권

저작권은 저자에게 남기고, 출판사는 출판권만을 갖는 것이 일반적입니다. 저작인격권(저자 표시, 내용 변경 금지 등) 존중 조항이 포함되어야 합니다.

5. 원고 인도 및 발행 일정

저자가 언제까지 원고를 넘기고, 출판사가 언제까지 책을 출간할지 일정이 명확히 기재됩니다.

6. 비용 부담 및 증정 부수

교정, 교열, 디자인, 인쇄 등 제작비 부담 주체와 저자에게 제공되는 증정 도서 수량이 명시됩니다.

7. 정산 및 지급 방식

인세 지급 시기(예: 분기별, 반기별), 정산 방식, 판매 내역 공개 방법 등이 포함됩니다.

8. 계약 해지 및 분쟁 해결

계약 위반 시 해지 조건, 분쟁 발생 시 해결 절차(중재, 소송 등)도 반드시 명시되어야 합니다.

책마마 엄대표의 Tip. 출판 계약서 작성 요령 및 주의사항

직접 책을 쓰는 1인 출판사의 경우, 저자가 본인이라면 별도의 출판 계약이 필요 없지만, 외부 저자와 작업할 때는 반드시 계약서를 작성해야 합니다.

※ 표준 계약서 양식
출판권 설정계약서는 표준계약서를 사용하면 훨씬 안전하고 간단합니다. 문화체육관광부와 한국출판문화산업진흥원에서 무료로 제공하는 양식을 활용해보세요.

- 문화체육관광부 표준계약서 다운로드: https://tinyurl.com/268e9wqg
- 한국출판문화산업진흥원 표준계약서: https://www.kpipa.or.kr/p/g3_4/1

기획출판

기획출판이란 출판사가 시장의 트렌드와 독자의 수요를 종합적으로 분석한 뒤, 그에 적합한 주제를 선정하고 그 주제를 가장 잘 풀어낼 수 있는 저자를 직접 섭외하거나, 반대로 작가가 제안한 원고의 가치가 높다고 판단될 경우, 그 기획안을 수용해 책의 기획부터 제작, 출간, 유통에 이르기까지 전 과정을 출판사가 주도하는 출판 방식입니다. 이런 방식에서는 출판사가 제작비를 전액 부담하고, 저

자는 집필에만 전념할 수 있는 환경이 제공됩니다.

예비 작가들은 대개 이 기획출판을 가장 이상적인 방식으로 상상합니다. '좋은 원고만 있으면 출판사에서 알아서 해주겠지'라는 기대와 함께 말이죠. 하지만 현실적으로 기획출판은 출판사 입장에서 하나의 '사업적 투자'이기 때문에, 모든 원고가 기획출판으로 연결되기는 어렵습니다.

1. 기획출판이 성사되기 위한 조건들

출판사는 단순히 '글을 잘 쓰는가'가 아니라, 그 책이 시장에서 살아남을 수 있을지를 중심으로 판단합니다. 주요 기준은 다음과 같습니다.

- 원고의 완성도와 함께 주제의 차별성, 독자 타깃의 명확성, 유통 채널에서의 반응 가능성 등 상업적 요소를 종합적으로 고려합니다.
- 저자의 기존 활동 또한 중요한 평가 항목입니다. 과거 출간 도서의 판매량, SNS 팔로워 수, 강연·콘텐츠 활동 등 '저자가 책을 알릴 수 있는 힘'을 함께 봅니다.
- 협업 준비도 역시 핵심입니다. 기획방향이나 편집 요청에 유연하게 반응할 수 있는지도 확인합니다.

이처럼 여러 조건이 충족될 때, 출판사는 한 권의 책에 자금과 인력을 투입할 결정을 내리게 됩니다.

2. 1인 출판사에게 기획출판이란?

1인 출판사의 경우, 한 해에 출간할 수 있는 책의 수가 물리적으로 제한되어 있습니다. 직접 기획하고, 편집하고, 유통까지 관리해야 하는 구조상 한 권의 책에 들어가는 시간과 노력, 비용이 결코 가볍지 않기 때문입니다.

그렇기에 기획출판은 단순히 '좋은 책을 내고 싶다'라는 의지를 넘어서, 매우 전략적이고 신중한 선택이어야만 합니다. 한 권의 책이 성공하면 출판사의 입지를 크게 끌어올릴 기회가 되지만, 반대로 실패할 경우, 그 타격은 고스란히 출판사의 재정과 체력에 부담으로 돌아오기 때문입니다.

결국 1인 출판사의 기획출판은 책이 아니라 사람을 선택하는 일에 가깝습니다. 책을 잘 쓸 수 있는지보다도, 이 사람과 함께 한 권의 책을 끝까지 잘 만들어갈 수 있는가, 출간 이후까지 함께 책임질 수 있는가를 판단하는 것이 더 중요해집니다.

1) 출판사의 기대와 현실 사이

출간 전에는 고마움과 기대를 가득 안고 "정말 열심히 홍보하겠다", "SNS에서 많이 알리겠다"라는 의지를 보이는 저자들도, 막상 책이 나온 뒤에는 부끄럽다는 이유로, 혹은 다른 일 때문에 바쁘다는 이유로 책 홍보에 소극적인 태도를 보이거나, 협업에서 점차 멀어지는 경우도 적지 않습니다.

출판계에서는 이처럼 출간 전후의 태도가 크게 달라, 결국 아무런 활동도 하지 않고 사라지는 저자를 일명 '먹튀 작가'라고 부르기도 합니다. 물론 개인적인 사정이 있는 경우도 있겠지만, 이런 상황이 반복되면 1인 출판사 입장에서는 금전적인 손해뿐 아니라, 심리적 피로감까지 겹치며 큰 타격을 입습니다.

기획출판은 출판사가 모든 책임을 지는 구조인 만큼, 저자와의 신뢰가 무너지면 출판사의 생존까지도 흔들릴 수 있음을 반드시 기억해야 합니다.

2) 계약 전, 신중함은 필수

기획출판은 철저한 사전 검토와 전략이 필요한 출판 방식입니다. 계약 전에는 다음 항목들을 반드시 점검해야 합니다.

- 저자의 작업 성향: 마감에 대한 태도, 협업 준비도

- 출간 이후의 참여도: SNS, 블로그, 유튜브 등 실제 홍보 채널 활용 가능성
- 기존 콘텐츠의 질과 반응: 이전 글, 강연, 타인의 책에 대한 태도 등
- 계약서 조항 구체화: 집필 일정, 마케팅 참여, 인세 조건 등을 명확히 문서화

3. 기획출판의 주요 특징

1) 출판사 주도
출판사가 독자와 시장의 요구를 분석해 책의 주제를 정하고, 저자를 섭외하거나 원고를 받아 기획을 구체화합니다. 저자는 자신의 전문성이나 경험을 바탕으로 원고를 집필하지만, 전체 방향성과 콘셉트는 출판사가 결정합니다.

2) 제작비 부담
출판사가 편집, 교정, 디자인, 인쇄, 유통, 마케팅 등 대부분의 제작비를 부담합니다. 저자는 비용 부담 없이 집필에만 전념할 수 있습니다.

3) 추가 제작비 발생 시 작가 부담 가능
기본 제작비 외에 대필, 특수 디자인 등 추가 작업이 필요한 경우에는 작가가 그 비용을 부담할 수도 있습니다.

4) 인세(저작권료) 지급
저자는 보통 정가의 7~10% 수준의 인세를 받습니다. 신인 작가의 경우 소액의 계약금을 지급받기도 합니다.

5) 시장성·완성도 중시
출판사는 책의 시장성, 독자 타깃, 차별성, 경쟁 도서 분석 등 상업적 성공 가능성을 중시하며, 원고의 완성도와 저자의 전문성을 꼼꼼히 평가합니다.

6) 마케팅 및 유통 지원
출판사가 온·오프라인 서점 유통, 홍보, 마케팅 전략까지 전반적으로 지원합니다.

7) 저자와의 협업

기획단계부터 편집, 디자인, 마케팅까지 저자와 긴밀히 협업하며 책의 완성도를 높입니다.

책마마 엄대표의 TIP. 기획출판 계약 전, 꼭 확인하세요

- **집필 일정, 진짜 가능한가요?**
  제안 단계부터 마감에 대한 작가의 태도를 눈여겨보세요. "곧 드릴게요"가 반복되면 위험 신호입니다. 간단한 마감 테스트를 해보는 것도 방법입니다.

- **피드백 수용 태도, 사전에 확인하세요**
  편집자 피드백이나 문장 수정 요청에 유연하게 응하는지, 아니면 자기 고집이 강한지 미리 체크하세요. 작은 샘플 원고로도 충분히 파악할 수 있습니다.

- **출간 후 홍보, 작가도 함께할 의지가 있나요?**
  작가의 SNS·블로그·유튜브 등 실제 채널을 확인하고, 직접 홍보할 의사가 있는지도 물어보세요. 단순히 "하겠다"보다 구체적인 계획을 듣는 것이 중요합니다.

- **계약서는 최대한 '구체적으로' 쓰세요**
  공동 홍보 방식, 인세 조건, 행사 참여 여부 등을 '말로만' 합의하지 마세요. 모호한 조항은 분쟁의 씨앗입니다. 가능한 항목은 모두 문서로 남기세요.

자비출판

출간 경험이 없는 신인 작가에게 가장 큰 걱정은 단연 '판매'입니다. 책을 만들었다고 해서 저절로 팔리는 것이 아니기에, 아직 검증되지 않은 작가가 출판사와 기획출판 계약을 맺기는 쉽지 않죠.

이럴 때 선택하는 방법이 바로 자비출판입니다. 자비출판은 저자가 출판사와 계약을 맺고, 편집·디자인·인쇄·유통 등 책 제작에 필요한 모든 비용을 직접 부담하는 방식입니다.

하지만 '자비출판'이라는 이름으로 진행되는 방식은 출판사마다 천차만별입니다. 어떤 출판사는 원고 교정이나 디자인 없이, 작가가 제출한 원고를 거의 그대로 인쇄하기도 합니다. 이처럼 품질 관리가 되지 않은 출간은 오히려 작가의 커리어에 부정적인 영향을 줄 수 있어 주의가 필요합니다.

반면, 자비출판이더라도 편집부터 제작, 유통까지 성실히 지원하는 출판사도 있습니다. 이 경우 ISBN 발급부터 온라인 서점 유통까지 전 과정을 출판사가 관리하며, 저자는 제작비를 지불하는 대신 책의 내용과 제작 과정에 깊이 참여할 수 있습니다.

1. 자비출판의 주요 특징

출판 비용을 저자가 전적으로 부담하며, 제작 과정에서의 자유도는 높고, 수익은 더 많이 가져갈 수 있는 출판 방식입니다.

1) 비용 부담

저자가 모든 제작비를 부담합니다. 이 때문에 인세율(저작권료)이 기획출판보다 높게 책정되는 경우가 많아, 판매 시 수익이 더 많이 저자에게 돌아갑니다.

2) 과정의 자유도

제목, 내용, 디자인 등 책의 모든 요소에 저자가 직접 참여하거나 결정할 수 있습니다. 출판사의 심사나 기획방향에 크게 구애받지 않습니다.

3) 전문가의 도움

출판사는 원고 교정, 편집, 표지·내지 디자인, 인쇄, ISBN·CIP 발급, 납본, 유통 등 전문적인 서비스를 제공합니다. 저자는 필요에 따라 대필 작가, 디자이너, 교정자 등 전문가를 추가로 고용할 수도 있습니다.

4) 유통 및 마케팅

출판사가 서점 유통, 온라인 서점 입점, ISBN 등록, 납본 등 공식 유통망을 지원합니다. 하지만 홍보·마케팅은 저자가 직접 하거나 별도 비용을 들여 대행할 수 있습니다.

5) 품질 관리

전문 출판사를 통해 진행하면 편집·교정·인쇄 품질이 높아지고, 공신력 있는 책으로 출간할 수 있습니다.

2. 1인 출판사와 자비출판 대행

1인 출판사를 운영하다 보면, 꾸준한 수익을 확보하는 것이 가장 큰 과제 중 하나입니다. 자체 기획도서만으로는 수익이 불안정한 경우가 많아, 자비출판을 원하는 저자들의 출간을 대행해주는 방식이 현실적인 대안이 되곤 합니다. 실제로 많은 1인 출판사들이 자비출판 대행을 통해 사업을 유지하고 있습니다.

이때 단순히 책을 '인쇄만' 해주는 수준이 아니라, 저자 맞춤형 편집·디자인·유통 서비스를 제공할 수 있다면, 그 자체로 큰 경쟁력이 됩니다. 출간을 원하는 작가 입장에서도, '내 책을 신중하게 다루어줄 출판사'를 찾는 것은 쉬운 일이 아닙니다. 따라서 포트폴리오가 명확하고, 저자의 글과 성향에 맞춰 출간을 함께 기획해주는 출판사가 더욱 신뢰를 얻게 되죠. 특히 신인 작가에게는, 단순한 제작보다도 '이 책을 잘 만들어낼 수 있는 동반자'가 필요하기 때문입니다.

1인 출판사 입장에서는 이런 방식이 단지 매출을 올리는 수단을 넘어서, 출판 노하우를 축적하고, 다양한 저자와의 협업을 통해 새로운 기획의 기회를 발굴하는 계기가 될 수도 있습니다.

3. 자비출판 대행, 이렇게 준비하세요

1) 샘플 포트폴리오 준비
표지, 내지 디자인, 완성본 예시 등 3~5종의 작업물을 미리 준비해두면, 상담 시 신뢰도를 높이는 데 도움이 됩니다.

2) 출간 진행표 제공
계약 후 어떤 순서로 출간이 진행되는지, 저자에게 간단한 일정을 제시하면 저자가 전체 흐름을 이해하고 계획을 세우는 데 도움이 됩니다.

3) 출간 목적 확인하기
저자가 이 책을 왜 내는지(판매용, 증정용, 강의 교재 등)를 미리 파악하면 제작 방향을 더 정확히 설정할 수 있습니다.

4) 작가와의 커뮤니케이션 기록
모든 요청과 수정 사항은 이메일이나 협업 툴을 통해 기록으로 남겨두세요. 추후 분쟁이나 혼선을 줄이는 데 큰 도움이 됩니다.

5) 책정가와 인세 조율
책정가와 저자 인세율은 현실적이고 투명하게 조율해야 신뢰를 얻을 수 있습니다. 단가, 인쇄 부수에 따라 수익 구조를 명확히 설명해주세요.

공동출판(분담출판)

공동출판 또는 분담출판은 기획출판과 자비출판의 중간 형태로, 출판사가 책의 시장성과 가능성은 인정하지만 전 제작비와 마케팅 비용을 전액 부담하기에는 리스크가 크다고 판단할 때 활용되는 현실적인 출판 모델입니다.

이 방식에서는 출판사와 저자가 출간에 필요한 비용과 책임을 일정 비율로 분담합니다. 출판사는 편집, 디자인, 유통 등 출판의 핵심 과정을 맡고, 저자는 제작비의 일부를 부담함으로써 투자 위험을 분산하고 출간 가능성을 확보하는 구조입니다.

최근 출판 시장의 구조적 변화와 중소 출판사의 리스크 관리, 콘텐츠 다양성 확보 전략으로 인해 공동출판은 점점 더 널리 활용되는 방식으로 자리 잡고 있습니다.

1. 공동출판(분담출판)의 비용 분담 방식

공동출판은 출판사와 저자가 제작비를 나누어 부담하는 구조입니다. 일반적으로 두 가지 형태가 많이 활용됩니다. 첫째, 전체 제작비의 50%를 저자가 부담하고, 출판사는 편집, 디자인, 인쇄, 유통, 마케팅 전반을 맡는 방식입니다. 둘째, 저자가 일정 수량의 도서를 선구매하는 조건으로 제작비를 분담하는 방식이 있습니다.

이러한 구조는 출판사 입장에서는 제작 리스크를 분산할 수 있고, 저자에게는 출간의 기회를 제공하는 상호 이익의 모델입니다.

2. 공동출판(분담출판)의 수익 분배 구조

비용을 분담하는 만큼, 수익 또한 사전에 협의된 기준에 따라 분배됩니다. 저자의 인세율은 기획출판보다 높은 10~15% 수준으로 책정되며, 경우에 따라 정액 인세 대신 판매 수익의 일정 비율을 공유하는 방식이 적용되기도 합니다.

이처럼 공동출판은 비용 부담은 낮추고, 수익성은 높일 수 있는 '균형 잡힌' 출판 모델로, 출판사와 저자 모두에게 윈윈의 기회를 제공합니다.

3. 공동출판(분담출판)의 비용 분담 장점

출판 비용을 저자와 출판사가 함께 부담하는 방식으로, 경제적 부담은 줄이고 출판 기회는 넓힐 수 있는 실용적인 출판 모델입니다.

1) 초기 비용 부담 완화

출판에 드는 전체 비용을 나누어 부담하므로, 저자는 큰 금액을 한 번에 지출하지 않아도 됩니다.

2) 출판 진입 장벽 낮춤

신인 작가나 소규모 집필진도 상대적으로 부담 없이 출간할 수 있습니다.

3) 책임과 권한의 분산

출판사가 일부 비용을 부담하는 만큼, 제작·편집·유통 등에서 전문적인 지원을 받을 수 있어 역할 분담이 효율적입니다.

4) 높은 인세율 가능성

일반 계약보다 더 높은 인세율을 받을 수 있어 저자의 수익성이 개선됩니다.

5) 합리적이고 유연한 계약 구조

비용 분담, 인세, 마케팅 등 조건을 유연하게 협의할 수 있어 양측 모두에게 이롭습니다.

6) 출판 경험 및 네트워크 확대

출판사와의 협업을 통해 출판 경험을 쌓고, 다수 저자 참여 시 네트워크 확장도 가능합니다.

이처럼 공동출판은 전문성과 실용성을 함께 갖춘 출판 방식으로, 더 많은 이들이 책을 낼 수 있도록 문을 열어줍니다.

출판사는 시장성, 독자성 등 상업적 가능성을 어느 정도 인정하지만, 100% 부담하기에는 리스크가 있을 때 제안하는 경우가 많습니다. 저자 역시 자신의 책에 대한 의지가 강하고, 투자 의향이 있을 때 적합합니다.

CHAPTER 2

좋은 책은
탄탄한 기획에서
시작된다

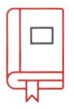

아무나 할 수 있다고?
출간 기획의 숨겨진 기술

<책마마 엄대표의 출판 일기>

> 나를 좋아해주는 사람보다는
> 내가 좋아하는 남자에게 더 끌렸던 것처럼,
>
> 원고도 그렇다.
> 이상하게도, 메일로 도착한 투고 원고에는 좀처럼 마음이 움직이지 않는다.
>
> 그러면서도, 오늘도 또 헤맨다.
> '좋은 작가는 어디 없나?' 인터넷을 떠돌며 기웃기웃.

한 권의 책이 세상에 나오기까지, 가장 먼저 필요한 것은 바로 '기획'입니다. 책의 주제, 독자, 방향성을 정리하는 이 단계는 단순한 아이디어 정리나 형식적 절차가 아니라, 책의 성패를 좌우할 가장 중요한 설계도입니다.

특히 1인 출판사나 독립출판에서는 기획이 곧 편집이고, 마케팅이며, 나아가 브랜드 전략까지 이어지기도 합니다. 작가와의 인터뷰, 경쟁 도서 분석, 콘셉트 개발, 목차 구성, 출간 후 활용까지 출간 기획은 모든 출판 과정의 출발점이자 뿌리가 됩니다.

한 작가님이 방대한 분량의 원고를 들고 찾아오신 적이 있습니다. 글은 훌륭했지만, 주제의 일관성이 부족해 단일 책으로는 방향을 잡기 어려웠죠. 작가님과 여러 차례 회의를 거친 끝에, 내용을 두 가지 주제로 나누어 두 권으로 출간하기로 결정했습니다. 결과적으로 작가님께도, 출판사인 저에게도 더 좋은 결과로 이어졌습니다.

이처럼 출간 기획은 단순한 편집의 시작이 아니라, 책이라는 결과물을 처음부터 설계하는 핵심 작업입니다. 여기서는 1인 출판 실무에 바로 적용할 수 있는 출간 기획 프로세스를 중심으로, 기획 단계에서 어떤 것들을 고려하고, 어떻게 방향을 세워야 하는지 실전 경험을 바탕으로 소개하겠습니다.

기획 단계

책을 만들겠다고 결심하는 순간, 가장 먼저 해야 할 일은 '왜 이 책을 쓰는가?'에 대한 목적을 명확히 하는 것입니다. 출판의 목적은 지식 공유, 개인 브랜딩, 수익 창출, 또는 삶의 기록 등 다양할 수 있습니다. 이 목적이 분명해지면, 자연스럽게 책의 주제와 타깃 독자층도 구체화되고, 경쟁 도서와의 차별점도 분석할 수 있게 됩니다.

작가님에 따라 완성된 원고를 가지고 오는 경우도 있고, 아이디어만 가지고 출판사 문을 두드리는 경우도 있습니다.

- 완성 원고일 경우: 타깃 독자 설정, 기존 도서와의 차별성 점검, 목차 다듬기 등의 과정을 통해 비교적 빠르게 출간을 준비할 수 있습니다.
- 아이디어 단계일 경우: 출판사는 책의 목적과 방향성을 함께 설계하고, 각 장에서 어떤 이야기를 담을지 키워드 중심으로 구조화하는 작업부터 시작합니다. 이 과정에서 책의 톤과 메시지, 형식 등 전체 콘셉트를 정리하게 되며, 출판

방식(POD, 전자책, 기획출판, 자비출판 등)과 예산, 유통 전략도 함께 논의합니다.

1. 출간 기획은 책의 뼈대를 함께 세우는 과정

출간 기획은 단지 책의 외형을 정리하는 작업이 아니라, 작가가 전하고자 하는 핵심 메시지를 구조화하고 구체화하는 가장 중요한 과정입니다. 특히 1인 출판사를 운영하다 보면, 대부분 첫 책을 준비하는 신인 작가와의 협업이 많습니다. 저 역시 처음 출간을 문의하는 작가님들과 마주할 때, 이미 원고를 다 쓴 경우보다는 '이런 책을 써보고 싶다'라는 아이디어와 몇 개의 단편 글을 들고 오는 경우가 훨씬 많았습니다.

이럴 때 출판사는 단순한 기획자가 아니라, 책의 방향을 함께 설계해주는 '공동 기획자'이자 '길잡이'가 되어야 합니다. 책을 왜 쓰려는지, 어떤 독자에게 어떤 메시지를 전하고 싶은지를 함께 구체화하며, 그에 맞는 제목, 구성, 목차, 흐름을 하나하나 짚어가야 하죠.

실제 사례로, 어느 날 인스타그램에 관심이 많던 저는 우연히 무료 온라인 강의를 접하게 되었고, 정확하고 친절한 설명이 인상 깊었던 강사님께 직접 미팅을 요청하게 되었습니다. 당시 그분은 출간을 위한 원고는 물론 강의 경험도 많이 없던 상태였지만, 저는 오히려 그 점을 기회로 보고 "강의를 기획하고, 그 성공 사례를 책으로 담아보자"라고 제안했습니다.

그 결과, 작가님은 '30일에 성공하는 시크릿 인스타그램'이라는 수업을 만들어 10기까지 성공적으로 운영하셨고, 그 과정에서 쌓인 실전 경험은 책 속에 고스란히 담겼습니다. 현재는 공구, 온라인 강의 등으로 활동 영역을 넓혀 활발히 활동 중이며, 함께 만든 책은 5쇄를 돌파하고 태국에 판권까지 수출되는 성과를 거두었습니다.

이처럼 기획은 단지 글의 구성이 아니라, 작가의 삶과 콘텐츠를 함께 설계하는 협업의 시작입니다.

《시크릿 인스타그램》 예스24 바로 가기
https://www.yes24.com/product/goods/109004035

하나의 기획이 만든 수업, 책, 그리고 커리어

2. 출간 기획의 핵심 질문들

작가에게 계속 책에 관한 질문을 하면서 책의 정체성과 방향성을 단단하게 다듬어 나갑니다. 목차 구성은 단순히 순서 배열이 아니라, 책 전체를 관통하는 메시지를 어떻게 풀어낼지를 설계하는 일입니다. 필요하다면 독자의 입장에서 글의 흐름을 조정하거나, 강조점과 전개 방식을 재배열하기도 합니다.

- 이 책은 누구에게 가장 필요할까?
- 어떤 독자가 읽었을 때 가장 큰 가치를 느낄까?
- 비슷한 책들과 비교했을 때, 이 책만의 차별점은 무엇일까?
- 왜 지금 이 책을 출간해야 할까?

3. 기획과 홍보는 하나의 흐름

기획 단계에서부터 책의 홍보 전략까지 함께 고민해보는 것도 매우 중요합니다. 책이 출간된 이후 어떤 채널을 통해 독자에게 도달할 것인지에 따라, 책의 포맷과 톤, 문장 스타일, 메시지의 구체성까지 달라질 수 있기 때문입니다.

예를 들어 SNS나 블로그를 주요 홍보 채널로 활용할 경우, 챕터 제목부터 인용 가능한 문장, 시선을 끄는 문단 구성이 중요해집니다.

또한 북토크, 강연, 서평단 운영 등 후속 활동까지 고려한다면, 책의 구조 자체도 '이야깃거리'가 잘 드러나게 짜는 것이 좋습니다. 즉, 기획은 콘텐츠 기획이자 콘텐츠 유통 전략의 시작입니다.

책은 대화로 만들어집니다

기획은 단기간에 끝나는 작업이 아닙니다. 작가의 아이디어가 글로 구체화되고, 그 글이 독자에게 다가갈 수 있는 구조를 갖추기까지는 여러 차례 피드백과 조율이 필요합니다. 하지만 이 단계에서 충분히 논의하고 정리를 해두면, 이후 집필과 편집, 마케팅까지 전 과정이 흔들림 없이 이어질 수 있습니다.

결국 출간 기획은 단순한 준비 단계가 아니라, '책을 함께 만든다'라는 감각을 서로 공유하는 과정입니다. 작가는 창작자의 감각으로 내용을 채우고, 출판사는 시장의 흐름과 독자의 반응을 고려해 방향을 다듬습니다. 이 둘이 만나 균형을 맞출 때, 한 권의 책은 비로소 제대로 된 생명력을 갖게 됩니다.

1. 초기 인터뷰 질문

출간 기획 단계에서 작가와 처음 마주 앉았을 때, 어떤 질문을 던지느냐에 따라 책의 방향이 더 분명해질 수 있고, 막연했던 생각이 구체적인 기획으로 발전되기도 합니다.

특히 1인 출판사의 경우, 이 첫 인터뷰는 단지 아이디어를 듣는 자리가 아니라, '이 작가와 정말 책을 함께 만들 준비가 되어 있는가?'를 확인하는 중요한 과정이기도 합니다.

다음은 실제 인터뷰에서 바로 활용할 수 있도록, 출판 실무자 입장에서 정리한 질문 예시입니다. 필요에 따라 순서를 바꾸거나, 대화 흐름에 맞춰 유연하게 활용해보세요.

2. 작가 초기 인터뷰 질문 예시

1) 책을 쓰려는 이유
- 이 책을 쓰고 싶은 가장 큰 이유는 무엇인가요?
- 어떤 계기로 이 주제를 선택하게 되셨나요?
- 이 책을 통해 꼭 전하고 싶은 메시지가 있다면 무엇인가요?

2) 타깃 독자층
- 이 책이 누구에게 읽히면 좋겠다고 생각하시나요?
- 독자가 이 책을 읽고 나서 얻었으면 하는 것은 무엇인가요?
- 예상 독자는 어떤 고민이나 상황에 처해 있을까요?

3) 책의 콘셉트와 구조
- 이 책을 한 문장으로 소개하신다면 뭐라고 하시겠어요?
- 어떤 식으로 내용을 전개하고 싶은지, 목차나 흐름에 대한 아이디어가 있으신가요?
- 비슷한 책 중 본인이 참고하거나 닮고 싶은 책이 있다면 어떤 책인가요?

4) 저자 본인의 활동과 콘텐츠 자산
- 기존에 운영 중인 채널(블로그, 인스타그램, 유튜브 등)이 있으신가요?
- 이 책과 연결되는 강의, 클래스, 뉴스레터 등 다른 활동이 있다면 소개해주세요.
- 책 출간 후, 홍보 활동이나 독자 소통에 참여할 의향이 있으신가요?

5) 집필 가능성과 일정

- 원고는 어느 정도 준비되셨나요?(아이디어/메모/샘플 원고 등)
- 집필 가능한 시간대나 기간이 어떻게 되시나요?
- 글쓰기에서 어려움을 느끼는 부분이 있다면 어떤 점인가요?

> **책마마 엄대표의 TIP. 작가 인터뷰는 대화처럼 자연스럽게 해보세요!**

- **질문은 순서보다 흐름!**
  미리 준비한 질문보다, 작가의 말에 맞춰 자연스럽게 이어가는 편이 훨씬 효과적입니다.

- **짧게 묻고 깊게 듣기**
  "왜 이 주제를 쓰셨나요?"처럼 단순한 질문이 오히려 작가의 진짜 이야기를 끌어냅니다.

- **녹음과 필기, 둘 다 필수!**
  녹음은 말투·뉘앙스를 그대로 남길 수 있어 제목, 카피, 홍보 문구에 큰 자산이 됩니다. 인터뷰 중 떠오른 아이디어나 핵심 키워드는 꼭 메모해두세요.

출간 기획서

작가와의 대화나 인터뷰를 통해 얻은 내용, 또는 작가가 먼저 제안한 출간 기획서를 바탕으로, 출판사 내부에서는 이를 토대로 정리된 형태의 '출간 기획서'를 새롭게 구성해봅니다.

이 기획서는 단순한 요약이 아니라, 책의 방향성과 구성, 출판 방식, 일정, 타깃 독자층, 그리고 마케팅 전략까지 포함하는 전체적인 출판 전략의 설계도 역할을 하게 됩니다.

특히 1인 출판사의 경우, 이런 정리를 통해 의사결정의 기준을 명확히 하고, 출간 이후에도 일관된 대응이 가능해집니다.

1. 출간 기획서 항목 예시

기본 정보	• 프로젝트명/가제 • 저자명/소속/연락처 • 제안일/담당자
출간 목적 및 배경	• 출간 배경 및 기획의도 • 작가가 이 책을 통해 전하려는 메시지 • 출판사가 이 책을 출간하는 이유
독자 설정 및 시장 분석	• 타깃 독자층(연령, 성별, 관심사 등) • 이 책이 필요한 독자의 상황 • 경쟁 도서 분석 및 차별 포인트
콘텐츠 개요	• 책의 핵심 주제 및 콘셉트 요약 • 전체 목차(초안) • 각 장 주요 내용 키워드 정리 • 예상 쪽수/도판 수/표지 이미지 방향 등
제작 및 유통 방식	• 출판 방식: 자비출판/공동출판/기획출판/POD/전자책 • 판형/제본/종이/예상 인쇄 부수 • ISBN 발급 여부/납본 계획 • 유통 채널: 교보문고/예스24/자사몰 등
마케팅 전략	• 주요 홍보 타깃(예: 인스타그램 타깃 독자, 블로그 리뷰어 등) • 활용 콘텐츠: 카드뉴스/인터뷰/북토크 등 • 저자 활동 연계: 강연, 클래스, 유튜브 등 활용 가능성 • 서평단 운영/출간 전 콘텐츠 배포 전략
일정 및 마일스톤	• 기획 확정일 • 원고 마감 예정일 • 교정/디자인 완료일 • 출간 예정일 및 런칭 일정
예산 및 수익 구조 (선택 항목)	• 총예상비용 • 저자 부담/출판사 부담 비율 • 인세 조건/수익 배분 방식 • 최소 판매 목표 부수 및 BEP 기준
내부 의견 및 리스크 요인	• 편집팀/마케팅팀 등 내부 검토 의견 • 예상 리스크(시장성, 저자 일정, 이슈 가능성 등)

2. 출간 기획서 양식

다음은 애드앤미디어에서 실제로 사용 중인 출간 기획서입니다. 책을 처음 기획할 때 공통으로 확인해야 하는 내용을 담고 있으며, 모든 출간 프로젝트에 기본 양식으로 활용되고 있습니다. 출간 기획서 양식은 아래 QR 코드를 스캔하면 다운로드하실 수 있습니다.

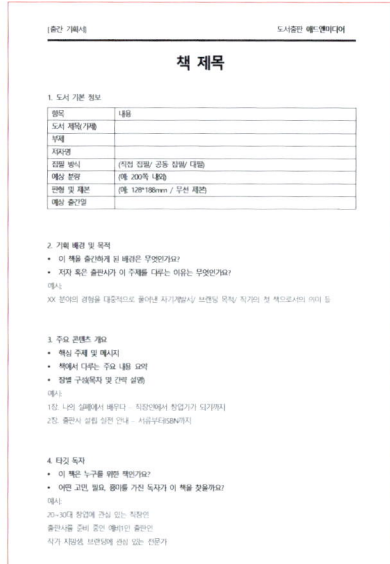
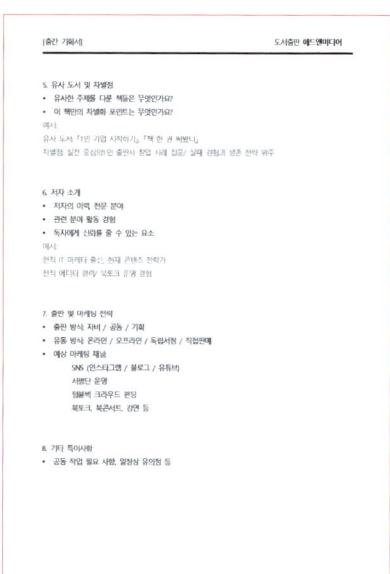

출간 기획서 양식

다음의 링크를 통해 출간 기획서 양식을 다운로드 받으세요.
https://naver.me/5Bw5xbrK

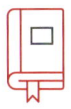

백지에서 시작하는
원고 작성 방법

<책마마 엄대표의 출판 일기>

나는 글로벌하게 일하기는 틀렸나 보다.
지금도 워드로 온 원고는 꼭 한글로 하나하나 옮겨야 직성이 풀리니.
한글은 잘 다린 양복 같고, 워드는 방금 건조기에서 꺼낸 셔츠 같다.
단정함의 결이 다르다.

책을 만드는 첫걸음은 언제나 '원고 작성'에서 시작됩니다. 원고는 기본적으로 저자가 단독으로 집필하는 경우가 많지만, 상황에 따라서는 공동 집필이나 전문가의 대필 협력을 통해 완성되기도 합니다. 어떤 방식이든 중요한 것은, 작가의 생각과 메시지가 책이라는 형태로 가장 잘 전달될 수 있도록 출판사가 그 과정을 충분히 이해하고 지원하는 태도입니다.

원고는 일반적으로 한글(Hwp)이나 워드(Word)로 작성되며, 실무에서는 한글 파일을 사용하는 것이 가장 효율적입니다. 예능 프로그램 <유 퀴즈 온 더 블럭>에 출연한 배우 박정민이 대표로 있는 무제 출판사의 이사가 "한글 아무도 안 써요. 공공기관에서 주로 쓰는 걸로 알고 있었는데"라고 말했다가 온라인상에서 논쟁이 벌어지기도 했죠. 하지만, 실무 출판 현장에서는 여전히 한글(Hwp) 포맷이 주로 사용됩니다.

실제로 저희 애드앤미디어에서도 한 작가님이 원고를 파워포인트(PPT) 파일로 보내오신 적이 있었는데요, 해당 원고는 한글 파일로 변환한 뒤 편집하고, 이후 PDF로 공유하며 작업을 진행했습니다. 문서 형식뿐 아니라, 글자 크기, 줄 간격, 자간 등 문서의 기본 설정을 미리 정리해두는 것도 전체 작업의 효율을 높이는 데 큰 도움이 됩니다.

여기서는 원고 작업 시 반드시 알아두어야 할 기본 원칙과 실무 팁들을 자세히 안내해드리겠습니다.

원고 작성 방법

일반적으로는 책의 주제에 맞춰 목차를 먼저 구성한 뒤, 각 장의 내용을 채워가며 집필을 진행합니다. 하지만 반드시 이 순서를 따를 필요는 없습니다. 이미 작성한 칼럼, 블로그 글, SNS 콘텐츠 등을 바탕으로 재구성하거나, 하나의 글에서 출발해 흐름을 확장해 나가는 방식으로 책을 완성하는 경우도 많습니다.

이렇듯 글을 쓰는 방식은 작가마다 다르기 때문에, 출판사는 특정한 틀을 강요하기보다는 작가의 글쓰기 스타일을 존중하며, 그 흐름이 자연스럽게 이어질 수 있도록 기다리고 조율하는 역할을 하게 됩니다.

이 과정에서 반드시 점검해야 할 것은 바로 목차와 내용의 일관성입니다. 초기에 구상한 목차가 실제 글의 흐름과 잘 맞는지, 각 장의 내용이 중복되거나 벗어나지는 않는지, 또 독립적인 장들이 서로 자연스럽게 연결되는지를 꼼꼼히 살펴야 합니다. 이 단계에서 균형이 맞지 않으면, 책 전체가 어색하거나 비슷한 이야기의 반복으로 느껴질 수 있습니다.

원고 작성 프로세스

1단계. 기획 정리

책을 쓰는 목적과 방향성을 명확히 설정합니다. 출간 기획서를 기반으로 주제, 독자층, 메시지를 구체화합니다. 목차 초안을 구성하고, 장별 주요 내용을 키워드로 정리합니다.

2단계. 샘플 원고 작성

1~2장 분량의 원고를 먼저 써보며 글의 톤과 스타일을 점검합니다. 출판사와 함께 피드백을 주고받아 전체적인 흐름을 조율합니다.

3단계. 본격 집필

전체 목차를 기준으로 각 장의 원고를 작성해나갑니다. 중간 점검을 통해 구조의 일관성, 내용 중복, 메시지 명확성을 확인합니다. 필요시 자료 조사, 인터뷰, 사례 수집 등을 병행합니다.

4단계. 1차 원고 완성

전체 원고를 하나로 정리해 출판사에 제출합니다. 이때 문서 형식(Hwp), 글자 크기(10pt), 줄 간격(160%) 등을 맞춰야 합니다.

5단계. 편집자 검토 및 피드백

편집자가 전체 원고를 검토하고, 구조적 수정 또는 내용 보완을 제안합니다. 문장 표현, 정보 배열, 흐름 등을 객관적 시각에서 점검합니다.

6단계. 작가 수정 및 보완

편집자의 피드백을 바탕으로 내용을 보완하고 문장을 다듬습니다. 이 과정이 여러 차례 반복되며, 최종 원고의 완성도를 높이는 단계입니다.

7단계. 원고 확정 및 교정 단계로 이동

최종 원고가 확정되면 교정·교열, 디자인 등 다음 작업으로 넘어갑니다.

원고 작성 기본 형식

책을 집필할 때는 문서 형식과 분량을 일정하게 맞추는 것이 매우 중요합니다. 이는 출판사의 편집, 교정, 디자인 작업의 효율을 높이는 데 큰 도움이 되기 때문입니다. 원고는 일반적으로 한글(Hwp) 또는 워드(Word) 파일로 작성되며, 두 포맷 모두 사용할 수 있지만, 편집자 입장에서는 '한글 파일'을 사용하는 것이 가장 효율적입니다.

구분	권장 형식	비고
문서 형식	한글(Hwp)	편집 효율이 가장 높음
글자 크기	10pt	본문 기준
줄 간격	160%	자간 포함한 설정
용지 크기	A4	보통 A5 책 기준으로 환산 가능

권장 문서 형식

원고 분량 기준

작가님들이 가장 자주 묻는 질문 중 하나는 "얼마나 써야 책이 되나요?"입니다. 이 질문에 대한 정답은 없습니다. 책의 주제, 정보 밀도, 이미지 사용량 등에 따라 다르기 때문입니다. 다만 일반적인 출간 기준으로 볼 때 다음 정도를 권장드립니다.

원고 작성 분량	예상 페이지 수
A4 기준 100~120매 - 글자 크기 10pt - 줄 간격 160%	200~250페이지 내외 - A5(148×210mm)

원고 작성 분량

원고 작성 시 꼭 확인할 점

원고를 작성하실 때는 전체적인 서식과 체계를 일관되게 유지하는 것이 매우 중요합니다. 특히 제목, 소제목, 본문이 명확하게 구분되어 있으면, 이후 편집 과정에서 혼란이 줄어들 뿐만 아니라 디자이너나 교정자와의 협업도 훨씬 원활하게 진행될 수 있습니다.

구분	권장 방식 예시	비고
삽입 위치 표기	〈그림 1–1 삽입 위치〉 〈표 2–1 삽입 위치〉	본문 내 삽입 위치를 명확히 기재
파일 형식	PNG, JPG, JPEG 등	해상도는 300dpi 이상 권장
파일명 규칙	이미지: 1–1.jpg 표: 2–표1.png	장 번호와 순번으로 구성, 규칙 일관성 유지
파일 제출 방식	원고와 별도 폴더에 분류 제출	(예: IMAGES 폴더, DATA 폴더 구분)

원고 작성 방식

이처럼 처음부터 자료를 체계적으로 정리해두면, 전체 제작 과정에서 발생할 수 있는 수정·보완 작업의 양이 크게 줄어들고, 작업 속도와 완성도 역시 자연스럽게 높아집니다. 그리고 무엇보다 중요한 것은 원고 외에도 다음에 소개된 자료들을 함께 정리해두는 것입니다. 이 자료들은 출간 기획을 구체화하고, 책의 콘셉트와 디자인 방향을 잡는 데 매우 유용한 기초자료가 됩니다.

작가에게 요청해야 할 추가 자료 목록

책을 만들기 위해서는 본문 외에도 준비해야 할 자료들이 많습니다. 이러한 자료들은 단순히 편집을 위한 부속물이 아니라, 책의 방향성과 완성도를 높이는 데 중요한 역할을 합니다. 특히 본문 집필이 잘 풀리지 않을 때는, 자기소개나 에필로그부터 먼저 써보는 것도 좋은 방법입니다. 실제로 저는 작가님들께 "글이 막힐 때는 저자 소개 글이나 에필로그, 프롤로그를 써보세요"라고 권유하곤 합니다.

다음은 출간을 준비할 때 작가에게 요청하는 주요 자료들입니다.

1. 저자 소개 및 간단한 프로필

책의 신뢰도와 공신력을 높이는 데 중요한 자료입니다. 출판사 웹사이트, 서점 소개글, 보도자료 등에서도 활용됩니다.

2. 원고 작성 의도 및 전달하고자 하는 메시지

이 책을 통해 전하고 싶은 핵심 메시지를 정리해두면 기획방향이 더욱 명확해집니다.

3. 프롤로그 초안

책의 문을 여는 글로, 독자의 관심을 끌고 책의 주제를 암시하는 역할을 합니다. 기획의 출발점이기도 하므로 가능한 한 초기에 함께 준비해주세요.

4. 에필로그 초안

책의 여운을 남기고, 작가의 진심을 전하는 글입니다. 전체 흐름의 마무리로 중요한 역할을 합니다.

5. 추천사 요청 대상자 명단

책의 신뢰도를 높이고 독자의 호기심을 자극하는 데 도움이 됩니다. 추천사는 출간 전후 마케팅 요소로도 활용되므로, 가능하다면 2~3명의 후보를 미리 정해두는 것이 좋습니다.

6. 홍보 및 마케팅 구상

SNS, 블로그, 유튜브 등 활용 가능 채널, 북토크나 강연 등의 활동 계획이 있다면 공유해주세요. 출판사와 함께 마케팅 전략을 구체화하는 데 큰 도움이 됩니다.

이러한 자료들을 초반에 함께 준비해두면 출간 일정이 훨씬 효율적으로 운영될 수 있으며, 책의 완성도 또한 한층 높아집니다.

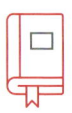

원고에 생기를 불어넣는 기술,
편집과 교정

<책마마 엄대표의 출판 일기>

> 그렇게 봤는데도, 또 오타가 나왔다.
> 100% 완벽하다면, 그것은 사람이 아니라 로봇이겠지.
> 하지만… 나는 여전히 완벽을 꿈꾼다.
> 단 한 글자의 오타라도, 더 찾아내야 한다.

원고가 완성되면 다음 단계는 본격적인 편집과 교정 작업입니다. 많은 분이 이 과정을 '맞춤법이나 띄어쓰기 정도를 고치는 일'로 생각하지만, 실제로는 그 이상의 작업입니다. 바로 책의 완성도를 결정짓는 핵심 단계이기 때문입니다.

애드앤미디어에서 출간한 그림책《모모와 다른 왕자》는 작가가 글과 삽화를 모두 직접 작업한 특별한 사례였습니다. 처음에는 삽화를 외주로 진행할 계획이었지만, 작가님이 책의 구상을 설명하면서 종이에 그리는 스케치를 본 순간 생각이 달라졌습니다. 투박하지만 따뜻한 선에서 진심이 느껴졌고, '직접 그리는 것이 오히려 더 좋겠다'라는 판단이 섰습니다.

삽화 작업이 처음이었던 작가님께 아이패드를 택배로 보내드리고, 기기 사용법부터 익히실 수 있도록 도왔습니다. 쉽지 않은 시간이었지만, 작업을 마무리할 즈음에는 아이패드 드로잉에 능숙해져 모두를 놀라게 하셨습니다. 지금은 이 과정을 '가장 기억에 남는 작가 지원 에피소드'로 웃으며 이야기하곤 합니다.

처음 삽화를 그리시다 보니, 일부 장면에서 글과 그림의 디테일이 어긋나는 부분도 있었습니다. 머리 모양이나 옷 색상 같은 소소한 요소들이었지만, 책 전체의 흐름에는 영향을 줄 수 있는 부분이었습니다. 이를 편집자가 꼼꼼히 확인하고, 텍스트와 이미지가 정확하게 맞물리도록 하나하나 조율해주었습니다.

이러한 세심한 교정과 섬세한 조율 덕분에 글과 그림이 조화를 이루며, 책의 완성도 또한 한층 더 높아질 수 있었습니다. 편집과 교정은 단지 오류를 수정하는 것이 아니라, 책 한 권의 완성도를 빚어내는 숨은 기술이자 정성입니다.

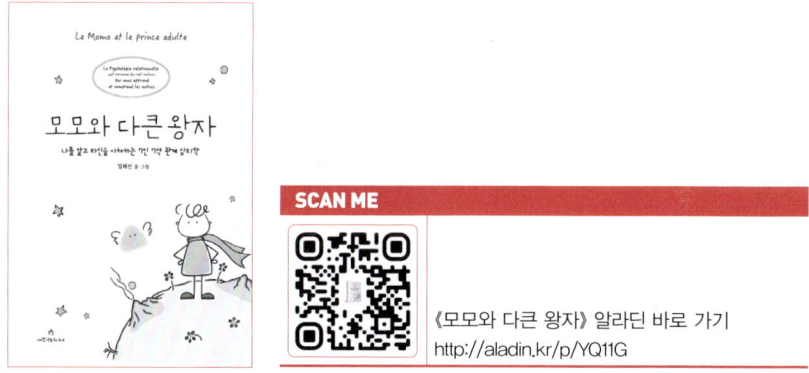

투박한 작가의 선에서 시작해, 편집자의 손끝에서 완성된 책

여기서는 '편집'과 '교정'이 각각 어떤 역할을 하는지, 그리고 실제 출판 과정에서 어떻게 진행되는지를 단계별로 살펴봅니다.

편집·교정 작업

원고가 완성되면, 본격적인 편집 및 교정 작업이 시작됩니다. 이 과정은 단순히 맞춤법이나 띄어쓰기를 바로잡는 수준을 넘어, 원고 전체의 구조와 흐름, 문장의 톤과 논리적 일관성을 세심하게 점검하는 핵심 단계입니다.

편집자는 독자의 이해를 고려해 문장을 보완하거나 재구성하며, 중복된 내용을 줄이고 설명이 부족한 부분은 보강합니다. 필요에 따라 핵심 메시지를 효과적으로 전달하기 위해 문단의 순서를 조정하거나 문체를 정리하기도 합니다.

이 시기에는 본문에 포함된 이미지, 표, 도표 등의 위치와 설명이 적절한지 확인하고, 필요한 경우 부록이나 참고자료를 함께 구성합니다. 특히 처음 책을 쓰는 작가의 경우, 편집자의 피드백은 책의 완성도를 높이는 데 매우 중요한 역할을 하므로 충분한 협의와 열린 태도가 필요합니다.

무엇보다 중요한 점은 이 단계에서 책의 제목, 목차, 구성 방식 등을 최종 확정해야 한다는 것입니다. 디자인 단계로 넘어가면 수정이 훨씬 어렵고 비용도 증가하기 때문에 편집·교정 단계에서 원고의 내용과 구조가 완전히 정리되어 있어야 합니다.

편집 (Editorial)	• 글의 흐름, 구조, 톤, 정보 구성 등 내용 전반을 다듬는 작업입니다. • 문단 간 논리적 연결을 강화하고, 중복되거나 불필요한 부분을 정리합니다. • 메시지의 선명도와 책의 전체 조화를 고려해 원고의 품질을 높이는 역할을 합니다.
교정 (Proofreading/ Copyediting)	• 맞춤법, 띄어쓰기, 오탈자, 인용 형식, 문장부호 등 언어적 정확성을 최종 점검하는 작업입니다. • 인쇄 전 마지막 검수 과정으로, 오탈자나 불일치로 인한 오류를 최소화합니다. • 책의 신뢰도와 품질을 지켜주는 디테일의 완성 작업입니다.

편집과 교정의 역할

편집·교정 단계 체크 리스트

편집·교정 단계에서는 원고의 문장 하나하나뿐 아니라, 책 전체의 구조와 흐름까지 종합적으로 점검해야 합니다. 다음은 실제 편집 실무에서 활용할 수 있는 체크 리스트입니다. 각 항목을 하나씩 확인하면서 원고의 완성도를 끌어올릴 수 있습니다.

구분	점검 내용	확인
맞춤법·띄어쓰기	오탈자, 문법 오류, 표기 통일 여부를 교정했는가?	☐
내용 흐름	문단 간 흐름과 서술 순서가 자연스러운가?	☐
문체 정리	문장이 과도하게 장황하거나 반복되지 않는가?	☐
핵심 메시지	핵심 내용이 명확히 전달되고 있는가?	☐
이미지·표	이미지, 도표, 표 등의 위치와 설명이 적절한가?	☐
부록·참고자료	필요한 보충 자료나 부록이 포함되어 있는가?	☐
제목 확정	최종 제목이 결정되었는가?	☐
목차 구조	목차가 완성되고 전체 흐름에 맞게 구성되었는가?	☐

편집·교정 체크 리스트

편집·교정의 실제 진행 흐름

작가로부터 원고가 도착하면, 1인 출판사의 대표는 가장 먼저 전체 원고와 함께 제출된 이미지, 표, 참고자료 등을 확인합니다. 그 후 원고는 편집자에게 전달되며, 편집자는 전체 흐름과 문장 표현, 오탈자 등을 중심으로 1차 교정 작업을 진행하게 됩니다.

이 과정에서 출판사 대표 역시 원고를 함께 읽고, 편집자가 놓칠 수 있는 부분을 동시에 크로스 체크하면서 이중 검토의 효과를 높입니다. 특히 신인 작가의 경우, 글의 구조나 전달 방식에서 미세한 조율이 필요한 경우가 많기 때문에 이런 크로스 체크를 더해 책의 완성도를 높여야 합니다.

편집자의 교정이 끝나면, 수정 사항과 코멘트를 정리해 다시 작가에게 원고를 돌려보냅니다. 작가는 편집자의 제안을 검토하고, 필요에 따라 수정을 반영해 다시 원고를 전달합니다. 이후에는 수정된 원고를 중심으로 다시 한번 편집자-출판사-작가가 협업하며 다듬는 작업이 반복됩니다.

이러한 과정을 몇 차례 거치며 원고가 안정적인 형태를 갖추게 되면, 비로소 원고를 디자이너에게 전달해 디자인 작업이 본격적으로 시작됩니다.

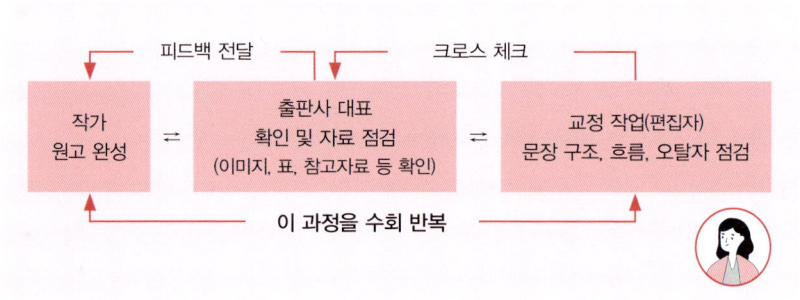

편집·교정의 흐름

편집·교정 비용

편집·교정 작업은 단순한 맞춤법 수정부터 문장의 흐름 개선, 내용 구조 조정에 이르기까지 매우 폭넓은 범위를 포함합니다. 따라서 비용 역시 작업의 깊이와 범위에 따라 크게 달라질 수 있습니다. 일반적으로 다음과 같이 구분됩니다.

작업 항목	일반 가격대	비고
기본 교정·교열	30~150만 원	오탈자, 띄어쓰기, 맞춤법 등 기본 문장 정비 포함
심화 교정·윤문	100~500만 원	의미 전달력 향상, 문장 다듬기, 논리 구조 보완
구조 편집	200~400만 원 이상	전체 구성·흐름 점검, 챕터 재구성 등 포함

작업 항목에 따른 편집·교정 비용

1. 비용 산정 방식

1) 페이지 단가: 쪽당 2,000~10,000원(난이도, 작업 범위에 따라 상이).
2) 프로젝트 단가: 전체 원고 분량(예: 200쪽 기준 40~200만 원).
3) 작업 범위: 단순 교정(오탈자, 맞춤법) 〈 심화 교정(윤문, 논리 보완) 〈 구조 편집 (전체 흐름, 목차 재구성).

2. 비용에 영향을 주는 요인

1) 원고 분량(A4 기준 쪽수)
2) 작업 난이도(일반 에세이 vs. 전문서적)
3) 교정 범위(기본 교정 vs. 윤문·구조 편집)
4) 마감 일정(급행 시 추가 비용)
5) 편집자의 경력 및 전문성

첫인상이 전부다.
사람들이 집어 드는 북 디자인의 비밀

<책마마 엄대표의 출판 일기>

어젯밤에 보낸 디자인 피드백인데,
아침에 메일함을 열어보니 벌써 수정된 파일이 들어 있다.
밤을 꼬박 새운 것일까?
디자이너에게 고맙다고 카톡을 보내니
다음과 같이 답이 왔다.

"대표님이 급하신 것 같아서요."

이 고마움과 미안함, 도대체 어떻게 표현해야 할까.

협상 전문강사 오명호 작가님과는 《협상이 이렇게 유용할 줄이야》를 함께 만들며 좋은 성과를 냈던 인연이 있습니다. 그러던 어느 날, 작가님이 다시 저를 찾아오셨습니다. 이번에는 실무에서 곧바로 활용할 수 있는 협상 프로세스를 체계화한 책을 만들고 싶다는 제안을 주셨죠.

이야기를 나누던 중, 대학원 시절 비즈니스 창업 강의 교재로 사용했던 《비즈니스 모델 캔버스》라는 책이 문득 떠올랐습니다. 다양한 정의와 사례를 바탕으로 프로세스를 잡지처럼 세련되게 구성한 책이었는데, 이 책의 스타일이 작가님의 새로운 기획과 딱 들어맞겠다는 생각이 들었습니다.

"우리도 이런 느낌으로 만들어보면 어떨까요?"

저의 제안에 작가님도 크게 공감하셨고, 그렇게 《에잇 블록 협상모델》 프로젝트가 시작되었습니다. 글을 쓰는 작업은 비교적 수월하게 진행되었지만, '보여주는 협상책'을 만든다는 목표는 결코 쉬운 일이 아니었습니다.

내용에 어울리는 이미지와 직관적인 도표, 핵심을 한눈에 보여주는 레이아웃, 그리고 세상에 없던 협상 프로세스를 어떻게 시각적으로 풀어낼 것인가를 두고 작가님, 저, 그리고 디자인팀이 함께 여러 차례 머리를 맞댔습니다. 디자인 교정도 무려 11교까지 이어졌습니다. 보통 책이 5교 정도 걸리는 데 비해 이 작업은 정말 큰 작업이었습니다.

'협상의 이론과 실전 사이의 간극을 메운다는 점이 책의 미덕이다.' (안병민 열린비즈랩 대표)

SCAN ME

《에잇 블록 협상 모델》 교보문고 바로 가기
https://product.kyobobook.co.kr/detail/S000211735411

그렇게 오랜 시간 공을 들여 완성한 《에잇 블록 협상 모델》은 AI 시대, 새로운 협상 전략을 제시하는 실전형 도구서로 호평을 받고 있습니다. 고급 양장본에 금박을 입힌 디자인 또한, 책의 메시지를 더욱 힘 있게 전달해주었지요.

책의 편집과 교정이 마무리되면, 이제부터는 디자인 작업이 본격적으로 시작됩니다. 이 단계는 책의 내용에 '형태'를 입히는 과정이자, 독자에게 첫인상을 주는 작업이기도 합니다.

디자인은 크게 표지 디자인과 내지(본문) 디자인으로 나뉘며, 일반적으로는 책 제목이 어느 정도 정리된 시점부터 표지 디자인을 먼저 시작합니다. 표지는 독자의 시선을 끄는 역할을 하며, 책의 콘셉트와 분위기를 가장 함축적으로 보여주는 요소입니다. 내지 디자인은 본문의 가독성을 높이고, 내용 전달력을 강화하기 위해 다양한 타이포그래피, 여백 구성, 시각 요소들을 정교하게 설계합니다.

모든 것이 다 중요하지만, 특히 표지 디자인은 저자와 출판사 모두 민감하게 반응하는 영역으로, 의견 조율이 쉽지 않은 경우도 많습니다. 실제로 수십 개의 시안을 만든 끝에 최종 디자인을 확정했음에도, 작가님이 마음에 들어 하지 않아 처음부터 다시 작업한 사례도 있었습니다. 따라서 작가의 취향에 대한 이해와 긴밀한 설득 과정이 필수적입니다.

여기서는 이 두 가지 디자인 작업이 어떤 흐름으로 진행되는지, 그리고 출판사와 디자이너가 어떻게 협업하며 책의 완성도를 높여가는지를 구체적으로 살펴보겠습니다.

표지 디자인

책의 표지는 독자에게 전달되는 첫인상이자, 온라인 서점과 SNS 콘텐츠 속에서 가장 먼저 눈에 띄는 시각적 메시지입니다. 단순히 예쁘게 보이는 디자인을 넘어서 책의 주제와 정체성, 그리고 타깃 독자의 취향을 정확히 반영해야 합니다.

보통 제목이 확정된 시점부터 표지 디자인에 착수하며, 디자이너에게는 3~5종의 시안을 요청합니다. 이후 편집자, 작가, 디자이너가 함께 시안을 검토하고, 방향성이 맞는 안을 중심으로 수정·보완을 반복하며 완성도를 높여 갑니다.

다음은 표지 디자인 과정에서 반드시 확인해야 할 핵심 항목입니다.

구분	확인 내용
제목/부제	제목과 부제의 조합이 자연스러운가? 문장 길이는 적당한가? 썸네일(작은 이미지)에서도 잘 보이는가?
이미지 콘셉트	책의 주제와 분위기에 어울리는 이미지를 사용했는가? 타깃 독자의 관심을 끌 수 있는가? 이미지 해상도는 인쇄용으로 적절한가?
서체 구성	서체가 책의 정체성과 어울리는가? 제목/부제/저자명 등이 시각적으로 잘 구분되는가? 가독성은 충분한가?
컬러 구성	배경색과 포인트 컬러가 조화를 이루는가? 책의 분위기를 잘 드러내는 색상인가? 컬러 사용이 과하지 않고 깔끔한가?
정보 배치	제목, 부제, 저자명, 출판사명, 추천사, 바코드 등 각 요소가 조화롭게 배치되어 있는가? 전체 균형감은 적절한가?
서점 환경 고려	온라인 서점의 썸네일에서도 충분히 눈에 띄는가? 시리즈일 경우 동일한 디자인 체계를 유지하고 있는가?

표지 디자인에서 꼭 확인할 항목

책마마 엄대표의 TIP. 표지 디자인, 제목 확정 후에 시작하세요

- 표지 디자인은 제목이 확정된 뒤에 시작하는 것이 기본이에요. 제목이 곧 책의 콘셉트이자, 디자인 방향을 결정짓는 핵심 키워드이기 때문입니다.
- 예를 들어, 《1인 출판사 창업 완벽 가이드》는 실용적이고 신뢰감 있는 느낌이, 《책으로 먹고살 수 있을까?》는 가볍고 유쾌한 느낌이 어울립니다. 같은 내용이라도 제목에 따라 표지 분위기는 완전히 달라져요.
- 디자이너에게는 제목이 '출발점'입니다. 제목 없이 디자인을 먼저 시작하면, 콘셉트가 흐려지고 결과물의 설득력도 떨어질 수 있어요.

본문 디자인

내지(본문) 디자인은 독자의 실제 '읽는 경험'을 결정짓는 핵심 요소입니다. 글의 메시지를 어떻게 시각적으로 전달할 것인지, 책의 분위기와 독자층에 맞게 어떤 톤으로 구성할지 등을 고려해 설계하는 작업입니다.

일반적으로는 교정이 대부분 마무리된 시점에서 디자인에 착수하지만, 작업 속도를 높이기 위해 먼저 교정이 끝난 일부 원고로 시안을 의뢰하기도 합니다. 디자이너는 전달받은 원고를 바탕으로 2~3종의 본문 시안을 제작하며, 이를 바탕으로 편집자와 작가가 함께 최종 스타일을 결정합니다.

다음은 본문 디자인 작업 시 꼭 점검해야 할 항목입니다.

구분	확인 내용
판형	책의 크기(A5, 46배판 등)가 독서 편의성과 휴대성 측면에서 적절한가?
본문 폰트	가독성이 높은 서체를 사용했는가? 제목, 본문, 각주 등 구분이 명확한가?
글자 크기	독자 연령층에 맞는 크기(예: 본문 10pt 전후)로 설정되었는가?
자간·줄 간격	답답하지 않으면서도 지나치게 퍼지지 않는 간격(자간 0~+5, 줄 간격 160% 내외)을 유지하고 있는가?
단락 구조	문단 들여쓰기나 행간 띄우기 등 단락 구분이 명확하게 적용되었는가?
소제목 구성	소제목과 본문, 인용구 등이 시각적으로 잘 구분되어 있는가? 시선 흐름이 자연스러운가?
컬러 사용	강조 색상이 잘 표현되었는가? 일관성이 있는가? 유색/흑백 인쇄에 맞게 조정되었는가?
표/이미지/도표	위치가 적절하고 캡션과 설명이 정확하게 연결되어 있는가? 해상도는 인쇄에 적합한가?
페이지 번호	번호 위치와 서체가 자연스럽고, 가독성을 해치지 않는가?
장식 요소	불필요한 장식이나 그래픽이 독서 흐름을 방해하지 않는가? 디자인 콘셉트와 일관성이 있는가?

구분	확인 내용
여백 활용	페이지 밀도가 너무 높지 않게, 충분한 여백이 확보되어 있는가? 독서에 '숨 쉴 공간'이 있는가?

본문 디자인 체크 리스트

 책마마 엄대표의 TIP. 디자인, 전문가에게 믿고 맡기세요

- 요즘은 디자인 툴이 다양해 직접 편집을 시도하는 경우도 많지만, 책은 한번 인쇄되면 되돌릴 수 없습니다. 가독성과 완성도를 모두 갖추려면, 결국 전문가의 손길이 필요합니다.
- 저희는 본문 디자인 작업 시 책의 크기, 주요 컬러, 서체, 인쇄 방식(4도/2도) 등 핵심 요소만 명확히 전달하고, 나머지 세부 구성은 디자이너의 전문성에 전적으로 맡기고 있습니다. 그 결과, 더 효율적이면서도 높은 완성도를 유지할 수 있었어요.
- 디자인은 '비용'이 아니라 '책의 완성도'입니다. 실력 있는 디자이너를 찾고, 믿고 맡기세요. 비용을 줄이는 것보다, 덜 후회하는 디자인이 더 중요합니다.

디자인 진행 흐름

디자인 초안이 완성되면, 작가와 편집자, 출판사 대표가 함께 시안을 검토하고 피드백을 나누는 과정을 거칩니다. 이후 대표는 개별 피드백을 종합해 하나의 파일로 정리하고, 이를 디자이너에게 전달합니다. 이때 주로 PDF 형식으로 주석을 추가해 소통합니다.

피드백은 1회당 약 1주일 정도의 시간이 소요되며, 보통 4회에서 많게는 7~8회에 이르는 수정 과정을 통해 최종 디자인이 완성됩니다. 이 과정은 단순히 디자인을 '수정'하는 단계를 넘어, 책의 구성과 정체성을 시각적으로 완성해가는 매우

중요한 단계입니다. 따라서 충분한 논의와 꼼꼼한 확인이 꼭 필요합니다.

구분	점검 내용	확인
원고 완성 여부	편집·교정이 마무리되었고, 내용 수정이 더 이상 없는가?	☐
책 사이즈	책의 판형이 확정되었는가?(예: A5, 국판, 46배판 등)	☐
사용 폰트	제목 및 본문에 사용할 서체(폰트)가 정해졌는가?	☐
인쇄 도수 확인	흑백/컬러 여부, 2도 인쇄 또는 별색 사용 여부가 결정되었는가?	☐
표지 콘셉트 공유	표지에 사용할 이미지, 참고 디자인, 키워드 등이 디자이너와 충분히 공유되었는가?	☐

디자인 작업 전 체크 리스트

북 디자인의 비용

북 디자인(책 표지 및 내지 디자인) 비용은 책의 분량, 디자인 난이도, 디자이너의 경력, 추가 작업(일러스트, 인포그래픽 등) 유무에 따라 달라집니다. 일반적으로는 '표지 디자인', '내지 디자인', '전체 패키지' 단위로 비용이 산정되며, 다음은 작업 유형별 평균 가격대입니다.

작업 항목	일반 가격대	비고
표지 디자인	50~150만 원	단순 디자인은 50만 원 정도 일러스트 포함 시 150만 원 이상
내지 디자인	페이지당 4,000~10,000원	페이지 수 많을수록 총액 증가, 인디자인 사용 시 비용이 더 커질 수 있음
전체 패키지	100~1,500만 원	소책자부터 고급 예술 서적까지 다양

북 디자인 비용 개요

책의 성격, 디자인 복잡도, 디자이너의 경력에 따라 견적은 크게 달라질 수 있습니다. 특히 이미지와 표가 많은 보고서나 디자인 퀄리티가 중요한 화보집은 일반 단행본보다 더 높은 비용이 들어갑니다.

1. 비용에 영향을 주는 주요 요인

- 페이지 수 및 판형: 많을수록, 크면 클수록 단가 상승
- 디자인 복잡도: 순수 텍스트 책 대비 이미지·표·그래프 포함 시 비용 증가
- 일러스트·인포그래픽 포함 여부
- 디자이너 경력 및 스타일: 경력과 포트폴리오에 따라 단가 차이
- 수정 횟수 및 제작 일정: 횟수 많거나 일정 촉박할 경우 추가 비용 발생
- 표지 후가공 여부: 코팅, 금박, UV 등 추가 효과 유무

책마마 엄대표의 TIP. 디자인 시 유의해야 할 사항

- **콘셉트를 먼저 정리하세요**
  '감성적인 에세이 느낌', 'IT 실용서답게' 등 방향이 잡혀야 디자이너도 일하기 편해요. 레퍼런스 이미지 2~3개를 준비해두면 더 좋습니다.

- **원고와 자료는 최대한 정돈해서 전달하세요**
  텍스트는 워드나 한글로, 표·그래프는 편집 가능한 파일(엑셀, PPT 등)로 주시면 작업을 빠르게 할 수 있습니다.

- **최종 인쇄본과 유사한 '가제본'을 만들어 확인해보세요**
  크기·색감·배치가 실제 인쇄 시 어떻게 나올지 A4 출력본이라도 확인해보면 낭패를 줄일 수 있어요.

CHAPTER 3

인쇄소에서 서점까지, 책이 태어나는 과정

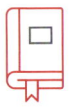

인쇄와 제본 실무
확실히 파악하기

<책마마 엄대표의 출판 일기>

"대표님, 언젠가는 터질 거예요."

인쇄소 실장님은 언제나 내게 희망을 건넨다.
이러니 내가 다른 곳으로 옮길 수가 있나.

그 한마디가 참 오래 남는다.
1인 출판사를 운영하다 보면
전쟁터에서 외롭게 혼자 싸우고 있는 것 같지만,
곳곳에 아군들이 나를 응원해주고 있다.

책의 인쇄와 제본은 출판의 마지막 단계이자, 책의 물리적 완성도를 결정짓는 핵심 공정입니다. 원고 작성, 편집, 디자인 과정을 거쳐 만들어진 콘텐츠가 실제 책으로 구현되는 순간이며, 독자가 손에 쥐게 되는 최종 결과물이 탄생하는 과정입니다. 인쇄 품질, 종이 선택, 제본 방식에 따라 책의 인상과 내구성, 독서 경험까지 달라지기 때문에, 이 단계에서도 세심한 판단과 준비가 필요합니다.

저 역시 이 단계에서 아찔한 경험을 한 적이 있습니다. 《까칠한 조땡의 파워포인트》책을 인쇄하기 위해 인쇄소 감리(監理, 인쇄물의 색상·품질·재료 등을 감독하는 일)를 직접 갔을 때의 일입니다. 감리를 마친 뒤 바로 인쇄에 들어가기로 되어 있었고, 표지 인쇄가 완료된 직후 작가님께 확인을 위해 사진을 보내드렸습니다. 그런데 작가님께서 표지에 오타가 있다고 알려주신 것입니다.

이미 인쇄는 시작되었고, 순간 머리가 하얘졌습니다. 결국 빠른 판단이 필요했고, 잘못 인쇄된 표지는 전량 폐기한 후, 디자인팀에 오타 수정을 요청해 새로운 판을 만들고 인쇄를 다시 진행했습니다. 단 한 글자의 오타로 수십만 원의 비용이 발생했고, 많은 사람이 고생했던 순간이었습니다.

여기서는 인쇄와 제본의 실제 작업 흐름을 단계별로 소개하고, 출판사가 반드시 체크해야 할 실무 포인트를 함께 안내합니다. 작은 실수가 큰 손실로 이어지지 않도록, 마지막 단계에서도 긴장의 끈을 놓지 말아야 합니다.

인쇄가 이루어지는 과정

인쇄소와의 작업은 다음과 같은 일련의 과정을 거쳐 진행됩니다.

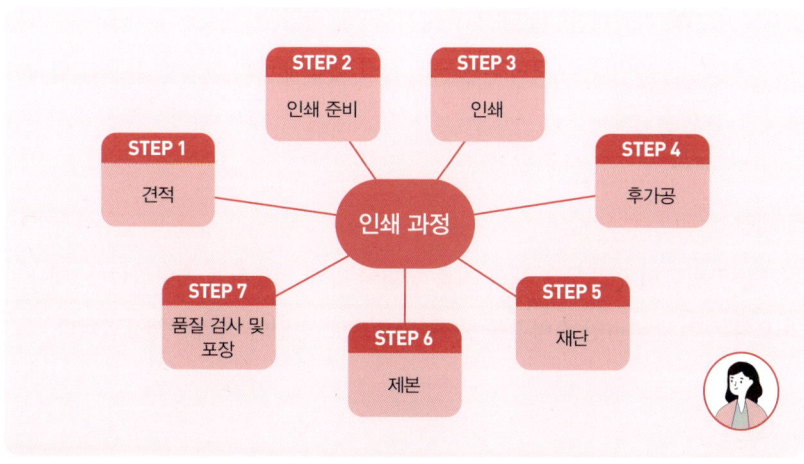

인쇄 과정

1. 견적

책의 페이지 수, 판형, 인쇄 부수, 종이 종류, 인쇄 도수(흑백/컬러), 후가공 방식 등의 정보를 인쇄소에 전달하고, 이에 따른 제작 견적을 받습니다. 통상적으로 2~3곳의 인쇄소에 견적을 의뢰해 비교하고 결정합니다.

2. 인쇄 준비

편집과 교정이 끝난 최종 PDF 파일을 인쇄소에 전달합니다. 이때 여백, 재단선, 페이지 순서, 색상 모드(CMYK), 이미지 해상도 등을 점검하고, 필요에 따라 교정 인쇄물을 받아 색상과 인쇄 상태를 미리 확인합니다.

3. 인쇄

확정된 파일을 바탕으로 본격적인 인쇄 작업이 진행됩니다. 대량 인쇄는 오프셋 인쇄, 소량 제작은 디지털 인쇄를 주로 활용합니다. 인쇄 시 색감, 먹 농도, 이미지 선명도 등을 세심히 확인해야 합니다.

4. 후가공

인쇄된 용지에 라미네이팅(코팅), UV 코팅, 금박, 형압(엠보싱) 등 후가공을 추가해 책의 완성도를 높입니다. 책의 콘셉트나 판매 채널에 따라 후가공 유무와 방식이 달라질 수 있습니다.

5. 재단

후가공이 완료된 인쇄물을 책의 최종 판형에 맞게 정확하게 재단합니다. 재단선의 오차는 전체 디자인에 영향을 줄 수 있으므로, 정밀한 작업이 필요합니다.

6. 제본

재단된 인쇄물을 정해진 순서대로 정리해 제본합니다. 가장 보편적인 방식은 무선제본이며, 책의 성격에 따라 중철 제본이나 양장 제본 등을 선택할 수 있습니다.

7. 품질 검사 및 포장

제본이 완료된 책은 최종 검수 과정을 거칩니다. 인쇄 상태, 페이지 누락, 제본 정렬 등을 점검한 후 이상이 없으면 박스 단위로 포장해 출판사, 유통업체, 서점 물류센터로 출고됩니다.

인쇄 견적

인쇄는 도서 제작 비용 중 약 50%를 차지할 만큼, 전체 예산에서 매우 큰 비중을 차지합니다. 따라서 인쇄소에 견적을 요청하는 일은 출판 예산 수립의 출발점이자, 책 제작의 실질적인 예산을 짜는 첫 단계입니다.

책을 기획하는 초기에는 대략적인 콘셉트와 사양을 바탕으로 1차 견적을 받아 전체 예산의 윤곽을 잡고, 이후 디자인이 어느 정도 마무리된 시점에서 좀 더 구체적인 사양을 반영한 최종 견적을 받아야 정확한 비용을 확인할 수 있습니다.

1. 인쇄 견적에 영향을 미치는 주요 요소

책의 인쇄 비용과 품질은 다양한 요소의 조합에 따라 결정됩니다. 각 항목은 독립적으로 중요할 뿐 아니라 서로 긴밀하게 연결되어 있어, 전체 제작 방향과 예산 수립에 직간접적인 영향을 미칩니다. 따라서 인쇄 견적을 정확히 파악하기 위해서는 인쇄소에 세부 사양을 구체적으로 전달하고, 항목별로 산출된 견적을 반드시 비교·검토해야 합니다. 특히 인쇄소에 따라 적용 기준과 단가가 달라질 수 있으며, 계절이나 자재 수급 상황 등 외부 요인에 따라서도 견적이 변동될 수 있으므로, 실무에서는 2~3곳 이상의 인쇄소에 견적을 요청하는 것이 바람직합니다.

구분	설명	비용에 미치는 영향
판형 (가로 × 세로)	종이 소모량과 인쇄 효율에 영향	큰 판형일수록 단가 상승
인쇄 부수	총제작 수량(예: 1,000부)	부수 증가 시 단가는 하락하나 총비용 증가
종이 종류 및 평량	종이 재질(아트지, 모조지 등) 및 두께(g/㎡)	고급/두꺼운 종이일수록 비용 상승
총페이지 수	책 전체 페이지(짝수 기준)	페이지 수가 많을수록 인쇄 및 제본비 상승
내지 도수	흑백(1도), 컬러(4도), 별색 여부	컬러/별색 사용 시 비용 증가
표지 후가공	무광/유광 코팅, 금박, 형압 등	후가공 추가 시 단가 상승
띠지 유무	띠지 인쇄 및 제작 여부	띠지 추가 시 인쇄/작업비 증가
제본 방식	무선제본, 양장, 중철 등	고급 제본 방식은 비용 상승
포장 및 배송비	완성된 책의 포장, 운송비	지역, 수량에 따라 비용 편차 발생
디자인 및 편집비	외주 디자이너/편집자 사용 여부	외주 시 추가 비용 필요

인쇄 견적에 영향을 미치는 사항

인쇄 견적서 항목

인쇄소에 정확한 견적을 요청하려면, 다음 항목을 포함한 인쇄 발주서를 준비하는 것이 좋습니다. 사양이 명확할수록 인쇄소와의 소통이 원활해지고, 견적 회신도 빨라집니다. 저 역시 처음 출판 실무를 시작했을 때는 인쇄 관련 용어가 낯설어서 견적 요청 메일을 쓰는 데 많은 어려움을 겪었습니다. 초보 실무자라면 누구나 겪을 수 있는 일입니다. 하지만 다음 항목들을 하나씩 정리하다 보면, 인쇄 견적 과정이 좀 더 명확하고 체계적으로 느껴질 것입니다.

인쇄소에 견적을 요청하려면 다음의 인쇄 발주서를 작성해서 요청하면 더욱 빠른 소통을 할 수 있습니다. 저의 경우 인쇄 용어를 이해하지 못한 상태에서 처음에 견적을 요청할 때 매우 힘들었습니다. 인쇄 발주서 양식을 아래의 QR에서 다운받을 수 있습니다.

항목	설명
수량	인쇄 부수(예: 1,500부)
판형	책의 가로 × 세로 사이즈(예: 152×225mm)
페이지 수	전체 면수(예: 304p)
종이	표지 용지, 내지 용지 종류 (예: 스노우지 250g(표지), 백색모조 80g(본문))
도수	인쇄 색상 수(예: 4도, 3도, 2도, 1도) *별색 : CMYK(Cyan Magenta Yellow Key plate(Black)) 외의 고유 색상 (팬톤 등)을 사용하는 인쇄 방식
제본 방식	무선(떡제본, 종이와 표지를 접착제로 연결하는 방식), 중철(스테이플러로 중앙을 박아 고정하는 방식), 스프링(구멍을 뚫어 스프링을 끼우는 방식), 양장(하드 커버에 내지를 붙이는 방식) 등
후가공	코팅, 박, 형압 등(예: 무광코팅 + 에폭시)
책등(책의 두께)	ex) 220페이지, 미색모조 100g 종이 [책등 계산식] (본문 페이지÷2)×미색모조 100g 종이 두께 (220÷2)×0.12+0.5=13.7 책등 = 13.7mm
납품일	납기 일정(예: 6월 2일)

인쇄 발주서에 들어가는 항목

SCAN ME

다음의 링크를 통해 인쇄 발주서 샘플을 다운로드 받으세요.
https://naver.me/xVGK9r5Y

판형 선택 가이드

책의 판형은 책의 가로×세로 크기를 뜻하며, 출판 과정에서 가장 먼저 결정해야 할 핵심 요소 중 하나입니다. 판형은 단순한 외형의 문제가 아니라, 책의 성격, 타깃 독자, 휴대성, 가독성, 제작 비용, 디자인 방향, 마케팅 전략 등 다양한 요소에 영향을 미치므로 종합적인 고려가 필요합니다.

1. 주요 판형별 특징

가장 널리 사용되는 국판(A5)과 신국판은 휴대성과 가독성, 제작비 측면에서 균형이 좋아 일반 도서에 적합합니다. 반면 국배판(A4)이나 46배판(B5) 같은 큰 판형은 이미지, 도표, 설명이 많은 실용서나 교육서에 유리합니다. 감성을 강조하거나 휴대성을 중시하는 책에는 4×6판(B6)이나 다찌판 같은 소형 판형이 효과적입니다.

판형 명칭	크기(mm)	주요 용도 및 특징
국배판(A4)	210×297	전공서, 문제집, 실용서, 디자인 잡지 등 대형 서적
46배판(B5)	188×257	교재, 전문서, 실용서, 여성지 등
신국판	152×225	학술서, 단행본, 전문서, 경제경영서
국판(A5)	148×210	소설, 시, 수필 등 일반 단행본
4×6판(B6)	128×188	시, 에세이, 소설 등 휴대성 강조
다찌판	128×210	시집, 포켓북 등 비규격 감성형 소형 서적
크라운판	170×245	교재, 실용서, 사진집 등

도서 주요 판형

종이 선택 가이드

《한 권으로 끝내는 노션》 책을 제작할 때의 일입니다.

이전 책들에서는 본문에 모조지 100g을 사용해왔지만, 이번에는 예산을 줄이기 위해 모조지 80g으로 변경해 인쇄를 진행했습니다. 그런데 인쇄 후 확인해보니, 그림이 많은 페이지에서 진한 이미지가 뒷장에 비쳐 보였습니다. 종이 두께가 얇아 생긴 문제였죠. 결국 크게 후회하고, 2쇄부터는 다시 모조 100g으로 되돌려 제작하게 되었습니다.

이처럼 책 제작에서 사용하는 종이, 특히 표지와 본문(내지)에 쓰이는 종이는 그 역할과 특성이 완전히 다릅니다. 질감, 두께, 색상, 인쇄 적합성은 책의 완성도는 물론, 독자의 독서 경험에도 직접적인 영향을 미칩니다.

종이는 전체 인쇄비에서 가장 큰 비중을 차지하는 요소입니다. 종이의 종류와 평량(두께)에 따라 인쇄 단가가 크게 달라지기 때문에, 책의 성격과 용도에 맞는 합리적인 선택이 매우 중요합니다.

《NEW 한 권으로 끝내는 노션》 교보문고 바로 가기
https://product.kyobobook.co.kr/detail/S000061696291

종이 선택에 애를 먹었지만, 개정판까지 베스트셀러가 된 책

1. 표지용 종이

표지는 첫인상과 내구성을 결정하는 부분입니다. 다양한 후가공(코팅, 박, 엠보싱 등)을 견딜 수 있는 두꺼운 종이가 필요합니다.

- 아트지: 매끄럽고 광택이 강해 컬러 표현이 뛰어남
- 스노우지: 광택은 줄이고 고급스러운 느낌 연출
- 랑데뷰지: 부드러운 질감, 문학·인문 분야에 자주 사용
- 레자크지·머메이드지: 표면 무늬가 독특해 개성 있는 표지에 적합
- 특수지(크라프트지, 펄지 등): 펄감, 친환경, 고급스러움 등 표현 가능

보통 표지에는 180~300g/㎡ 사이의 평량을 사용하며, 책 두께나 제본 방식에 따라 선택이 달라집니다.

2. 본문용 종이

본문 종이는 가독성, 필기감, 가벼움이 핵심입니다. 본문에 사용하는 종이는 독자가 장시간 읽어도 눈이 편안하고, 페이지 넘김이 자연스럽도록 선택합니다.

- 모조지(백상지): 가장 많이 쓰이며, 백색·무광 느낌
- 미색지: 크림빛으로 눈의 피로를 줄임, 소설·인문 분야에 적합
- 중질지: 가볍고 경제적이지만 내구성은 낮음
- 재생지·그린라이트지: 친환경 옵션, 따뜻한 질감
- 감성지(클라우드지 등): 독립출판 및 소량 출간에 적합

본문 종이의 평량은 보통 70~100g/㎡ 사이로, 페이지 수가 많을수록 얇은 종이를 사용하는 것이 일반적입니다.

구분	주요 용도	대표 종이 종류	표준 두께(평량)	특징 및 효과
표지	외관, 보호	아트지, 스노우지, 랑데뷰지, 레자크, 머메이드 등	180~300g/㎡	두껍고 튼튼, 발색/질감/내구성 강조
본문	읽기, 필기	모조지(백상지), 미색지, 중질지, 재생지 등	70~100g/㎡	얇고 가벼움, 눈의 피로 감소, 필기감

종이 비교표

책마마 엄대표의 Tip. 종이도 인쇄소에 맡겨보세요

비용을 아끼기 위해 종이를 직접 구매해 인쇄소에 제공하는 경우도 있지만, 종이 시세는 수시로 변동되고, 책마다 어울리는 재질도 다르기 때문에 직접 구매는 생각보다 번거롭고 효율이 낮은 경우가 많습니다.

• 종이 가격을 투명하게 안내해주고, 협의가 잘되는 인쇄소와 긴밀하게 협력해보세요.
• 출판사는 종이보다 완성도에 집중하는 것이 전체 제작 흐름에 훨씬 유리합니다.

인쇄 도수 선택 가이드

책을 인쇄할 때 사용하는 잉크의 수를 '도수(度數)'라고 합니다. 인쇄 도수는 인쇄물에 표현되는 색상의 수를 의미하며, 책의 성격과 디자인, 예산에 따라 신중히 선택해야 하는 요소입니다. 이 선택은 책의 완성도뿐 아니라 전체 제작 비용에도 큰 영향을 미칩니다.

도수 구분	사용 색상 구성	주요 용도 및 특징
1도 인쇄	검정 1색 (흑백)	텍스트 중심의 일반 도서, 소설, 논문, 교재 등
2도 인쇄	검정 + 컬러 1색 (보통 별색)	도표, 표, 강조 색상 등 적은 컬러 표현 필요시
3도 인쇄	검정 + 컬러 2색	주요 요소에 색을 더 강조하고 싶을 때, 비용과 표현 사이의 균형 필요시
4도 인쇄	CMYK 4색 컬러	표지, 화보, 그림책 등 풀컬러 인쇄
별색 인쇄	CMYK 외 팬톤(PANTONE) 색상 등 추가	브랜드 색상, 특별한 색 강조 시 사용

도수별 특성과 활용

1. 컬러 도수 혼합으로 예산 효율 높이기

1) 컬러 페이지는 전략적으로 배치하세요

4도 인쇄는 제작비가 높기 때문에, 전체를 풀컬러로 구성하기 어려울 경우에는 사진이나 시각적 자료가 들어가는 일부 페이지만 4도, 나머지는 1도 또는 2도 인쇄로 구성하는 방식이 많이 활용됩니다. 예를 들어, 컬러가 필요한 장의 앞뒤 페이지만 4도로 설정하고 본문은 흑백으로 구성하면, 시각적 효과는 살리면서도 제작비를 크게 줄일 수 있습니다.

2) 표지와 본문 도수를 구분해서 설계하세요

표지는 독자의 첫인상을 결정짓는 중요한 요소이기 때문에 대부분 4도 인쇄 또는 별색 인쇄(스팟 컬러)를 사용합니다. 별색은 브랜드 로고나 특정 색상을 선명하고 정확하게 표현할 수 있어, 디자인 품질이 중요한 경우 유리합니다. 반면, 본문은 책의 성격에 따라 1도 또는 2도 인쇄로 조정해도 충분히 품질을 유지할 수 있습니다.

3) 인쇄소와 도수 구성을 디자이너 및 인쇄소와 사전에 충분히 상의하세요

도수 혼합 인쇄는 인쇄소와의 정밀한 커뮤니케이션이 필요한 작업입니다. 비용,

공정, 품질 모두에 영향을 미치므로, 작업 전 디자이너, 편집자, 인쇄소 담당자와 함께 협의해 최적의 도수 구성을 설계하는 것이 좋습니다.

 책마마 엄대표의 Tip. 비용은 아끼고, 포인트는 살리고 싶다면?

비용 절감을 위해 본문을 2도로 진행하는 경우가 있습니다. 이 경우 그냥 2도보다는 별색(스팟 컬러)을 추가해보세요.
별색은 특정 색상을 선명하게 표현할 수 있어, 작은 비용으로도 고급스러운 인쇄 효과를 낼 수 있습니다. 예쁜 포인트 컬러 하나로도 책의 인상이 달라질 수 있어요.

제본 방식 선택 가이드

제본은 책 제작의 마지막 단계이자, 책의 사용성, 내구성, 외관을 결정짓는 중요한 공정입니다. 책의 성격, 목적, 예산에 따라 다양한 방식 중에서 적절한 제본을 선택해야 합니다.

제본 방식	내구성	펼침성	용도/적합한 책 종류	특징
무선제본	보통	보통	단행본, 소설, 에세이	가장 일반적, 대량 제작에 유리
양장제본	높음	좋음	고급서, 논문, 화집	고급스럽고 내구성 강함, 고비용
중철제본	낮음	좋음	소책자, 브로슈어, 잡지	페이지 수 제약, 경제적
반양장제본	보통	보통	문학서, 일반 단행본	무선제본보다 내구성 우수
떡제본	낮음	좋음	메모지, 자료집	제작 간편, 내구성 낮음
와이어/스프링제본	보통	매우 좋음	노트, 다이어리, 캘린더	완전 펼침 가능, 내지 교체 가능

제본 방식	내구성	펼침성	용도/적합한 책 종류	특징
바인더제본	보통	좋음	문서, 포트폴리오	수정과 교체가 쉬움
실제본	높음	매우 좋음	고급 단행본, 예술서적	튼튼하고 정성스러우나 고비용

주요 제본 방식

책마마 엄대표의 Tip. 양장 제본 시 꼭 확인하세요

- **비용이 높습니다**
  양장은 고급스러운 만큼 제작 단가가 많이 듭니다. 예산을 넉넉히 잡아두세요.

- **제작 기간이 깁니다**
  일반 제본보다 시간이 오래 걸리므로, 제작 일정을 여유 있게 계획하세요.

- **사전 협의가 필수입니다**
  무선제본의 표지 크기·제작 방식과 다르므로 디자이너, 인쇄소와 충분히 조율해야 합니다.

- **샘플 확인이 꼭 필요합니다**
  펼침, 마감, 내구성 등은 실제 인쇄물로 확인해보는 것이 가장 정확합니다.

후가공 선택 가이드

책 인쇄에서 후가공이란, 인쇄가 완료된 종이에 다양한 기능적·심미적 효과를 더하는 추가 가공 과정을 의미합니다. 주로 표지에 적용되며, 책의 완성도를 높이고, 내구성, 시각적 효과, 디자인 차별화 등을 위해 사용됩니다.

1. 가장 일반적인 후가공

책 인쇄에서 가장 널리 사용되는 후가공은 라미네이팅(코팅)과 에폭시(Spot UV)입니다. 코팅은 표지에 유광 또는 무광 필름을 입혀 색감을 선명하게 하고, 표지를 오염과 마모로부터 보호합니다.

- 유광 코팅: 색상이 생생하게 표현되어 시각적 임팩트가 큽니다.
- 무광 코팅: 차분하고 고급스러운 느낌을 줘 인문·문학서에 적합합니다.

에폭시(Spot UV)는 제목이나 로고 등 특정 부위에 반짝이는 투명 코팅을 더해 입체감과 시선을 끄는 포인트를 만들어냅니다.

후가공의 에폭시 사용 표지

후가공 종류	주요 효과 / 용도	설명
코팅(유광/무광)	보호, 색감 강화	유광은 색 표현이 선명하고, 무광은 고급스러운 무드
박(Foil Stamping)	강조, 고급스러움	금·은·홀로그램 박으로 제목·로고 강조
엠보싱/디보싱	입체감, 촉각 효과	엠보싱은 볼록, 디보싱은 음각
에폭시(Spot UV)	부분 강조, 광택	특정 부분만 반짝이는 UV 코팅
커팅/도무송	독특한 형태	창문, 책갈피 등 맞춤형 컷팅

후가공 종류	주요 효과 / 용도	설명
미싱	쉽게 뜯어짐	쿠폰, 티켓 등 분리형 내지
오시	깔끔한 접힘	브로슈어, 접지 인쇄물에 필수
기타	라미네이팅, 홀로그램, 메탈릭 잉크 등	시각적 다양성과 효과 확대

주요 후가공 종류

 책마마 엄대표의 Tip. 후가공 노하우

- 후가공은 책의 완성도를 높이는 효과적인 방법이지만, 비용과 제작 시간이 추가됩니다.
- 한두 가지 포인트만 선택해 깔끔하게 사용하는 것이 좋습니다. 과하면 오히려 산만해질 수 있어요.
- 종이, 인쇄 도수, 디자인과의 조화를 먼저 고려하세요.
- 인쇄소와 사전 협의는 필수! 종이에 따라 적용이 어려운 가공도 있습니다.
- 샘플 확인은 꼭 해보세요. 실제 인쇄물을 보면 판단이 훨씬 쉬워집니다.

책등(세네카) 두께

책등(세네카)이란 책을 세워 꽂았을 때 보이는 옆면, 즉 책의 두께를 말합니다. 이 두께는 단순히 페이지 수만으로 결정되는 것이 아니라, 사용하는 종이의 두께(평량)와 제본 방식에 따라 달라집니다. 특히 책등은 표지 디자인과 제본 작업에 필수 요소이기 때문에, 인쇄 전 반드시 계산해서 표지 파일에 정확히 반영해야 합니다.

1. 책등 두께 계산 공식(무선제본 기준)

책등 두께(mm) = (본문 페이지 수 ÷ 2) × 종이 한 장 두께(mm) + 0.5mm

- 본문 페이지 수: 실제 인쇄되는 전체 페이지 수(양면 기준).
- 종이 한 장 두께: 사용하는 종이의 평량에 따라 다름.

  (예: 모조지 100g 기준 약 0.12mm)

[예시]

모조지 100g, 100페이지, 무선제본의 경우

종이 한 장 두께: 0.12mm

책등 두께 = (100 ÷ 2) × 0.12 + 0.5mm = 6.5mm

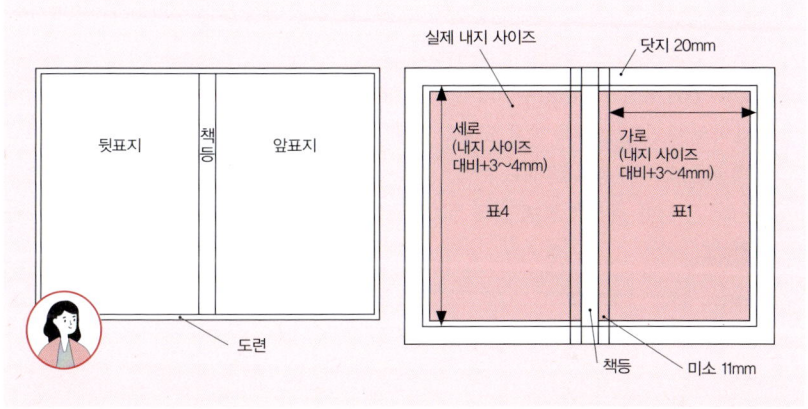

책등(세네카) 두께 계산과 표지

용지 종류	평량(g/m²)	두께(mm)
모조지	80	0.09
모조지	100	0.12
스노우지	100	0.09
아트지	120	0.105
랑데뷰	105	0.14

주요 용지별 평량과 두께

(※ 종이 제조사, 인쇄소마다 약간의 오차가 있을 수 있습니다.)

2. 기타 제본 방식

- 양장제본(하드커버): 무선제본에서 계산된 책등 두께에 5mm 이상을 추가해야 합니다.
- 중철제본: 별도의 책등 두께 계산이 필요하지 않습니다.

책마마 엄대표의 Tip. 책등 확인 사항

- 5mm 이하의 책등은 글자 삽입이 어려우므로, 책등 문구는 생략하거나 페이지 수 또는 종이 두께 조정을 고려하세요.
- 종이 평량 변경 시 책등 두께도 반드시 재계산해야 합니다.
- 페이지 수가 많을수록 책등 오차가 커질 수 있으므로, 정밀한 계산과 인쇄소와의 사전 협의가 필수입니다.
- 인쇄 전 샘플 확인을 통해 실제 두께와 시각적 균형을 점검하는 것이 가장 안전합니다.

가제본 확인 방법

가제본은 책을 본격적으로 대량 인쇄·제작하기 전에, 실제 책과 거의 동일한 형태로 소량 제작하는 임시 제본입니다. 출간 전 마지막 점검을 위한 실물 샘플로, 디자인과 레이아웃, 종이 질감과 두께, 색감, 페이지 구성, 오탈자 등을 실제 형태로 미리 확인할 수 있도록 합니다.

인쇄는 출판 제작비의 50% 이상을 차지하는 핵심 공정입니다. 그러므로 사소한 실수나 오류가 인쇄 후 발견되면 큰 손실로 이어질 수 있습니다. 아무리 인쇄용 PDF 파일을 꼼꼼히 점검하더라도, 모니터 화면으로는 놓치기 쉬운 부분들이 존재합니다.

저 역시 인쇄 전 가제본 제작을 꼭 거치며, 실물 형태로 책을 직접 넘겨 보며 종이 질감, 컬러톤, 인쇄 퀄리티, 오탈자 등을 세밀히 확인합니다. 가제본 제작 비용은 보통 3~5만 원 수준으로, 비용 대비 얻을 수 있는 실질적 이점이 매우 큽니다.

1. 가제본의 주요 목적

1) 최종 검토 및 수정: 화면으로 확인하기 어려운 디테일을 실물로 점검
2) 디자인 상태 확인: 의도한 시각 효과와 레이아웃 구현 여부 점검
3) 촉감 및 구조 테스트: 종이 느낌, 책등 두께, 손에 잡혔을 때의 균형감 확인
4) 색감 오차 파악: 모니터 대비 실제 인쇄 색상의 차이 파악
5) 완성도 향상: 최종 점검 후 수정·보완 반복이 가능

점검 항목	확인 내용	확인
종이 질감	선택한 종이의 촉감이 예상과 일치하는가?	☐
책등 두께	제본 후 두께가 계산값과 잘 맞는가? 표지 디자인에 무리가 없는가?	☐
색감	모니터(RGB)와 실제 인쇄물(CMYK)의 색상 차이가 심하지 않은가?	☐
인쇄 품질	이미지 해상도, 먹색 농도, 컬러 표현 등이 선명하게 나왔는가?	☐
표지 디자인	표지, 책날개, 띠지 등이 의도한 구성과 잘 맞는가?	☐
내지 레이아웃	본문 페이지 배치, 여백, 줄 간격 등이 읽기 편한가?	☐
오탈자 확인	실물로 볼 때 발견되는 오탈자가 있는가?	☐
페이지 순서	목차와 실제 페이지 순서가 일치하는가? 누락된 페이지는 없는가?	☐

가제본 점검 확인 체크 리스트

책마마 엄대표의 Tip. 가제본은 필수입니다!

- 가제본은 인쇄소에서 약 3~5만 원 선에서 제작할 수 있으며, 비용 대비 효과가 매우 높습니다.
- 표지와 내지가 완성되면 최종 인쇄 전, 실제 책처럼 가제본을 제작해보세요.
- 일정이 빠듯할 경우, 미완성 상태라도 가제본을 확인하면 품질 검토에 큰 도움이 됩니다.
- 최소 한 번은 꼭 가제본을 확인해 실물의 완성도, 컬러, 인쇄 상태를 점검하고 보완하세요.

인쇄 감리 확인 방법

인쇄 감리는 책이 실제로 인쇄되는 현장에서, 디자인 의도와 최종 제작 사양이 정확하게 구현되고 있는지를 직접 확인하고 관리하는 과정입니다. 단순한 색상 확인을 넘어, 인쇄 전반의 품질과 오류 여부를 꼼꼼히 점검함으로써 최종 결과물의 완성도를 결정짓는 핵심 절차입니다.

이 과정은 일반적으로 출판사의 편집자나 제작 담당자가 인쇄소를 직접 방문해 진행하며, 교정지나 샘플을 기준으로 색상, 오탈자, 종이 재질, 후가공 상태 등을 세밀하게 확인합니다.

파일상에서 보이는 컬러와 실제 인쇄물의 색상은 다를 수밖에 없습니다. 모든 인쇄물은 한번 인쇄되면 수정이 불가능하므로, 본격적인 인쇄에 들어가기 전 반드시 인쇄소에 방문해 눈으로 직접 확인하고, 현장에서 담당자와 함께 컬러를 조정하는 과정이 필요합니다.

1. 감리 절차

1) 인쇄소 일정 조율: 인쇄소와 사전에 일정을 조율하고 감리 가능 시간을 확보합니다.
2) 기준 견본 준비: 교정지, 컬러칩, 별색 견본 등 감리 시 기준이 될 자료를 준비합니다.
3) 테스트 인쇄 확인: 대량 인쇄 전 출력된 초본(프루프본)을 기준 자료와 비교해 색상, 오탈자, 종이 상태 등을 점검합니다.
4) 수정 요청 및 승인: 문제가 있으면 현장에서 즉시 수정 요청을 하고, 모든 사항이 만족스러울 경우 인쇄를 승인합니다.
5) 후가공 및 제본 확인: 코팅, 박, 제본까지 모두 마무리된 상태를 최종 확인해 전체 품질을 점검합니다.

점검 항목	주요 내용 설명
색상 확인	모니터(RGB)와 실제 인쇄물(CMYK)의 색상 차이를 교정지, 컬러칩, 별색 견본 등을 통해 비교·조정
데이터 오류 점검	오탈자, 이미지 누락, 바코드 오류 등 파일 내의 작은 오류를 최종적으로 확인 및 수정
종이 및 결 방향 확인	종이 종류, 평량, 결 방향이 사양대로 정확히 적용되었는지 점검
인쇄 품질 점검	잉크 얼룩, 먼지, 색상 흐림, 핀트 불량 등 인쇄 사고 여부를 육안으로 최종 확인

인쇄 감리의 핵심 역할

책마마 엄대표의 Tip. 인쇄 감리를 갈 때 노하우

- 인쇄 감리는 편집자나 디자이너 등 제작 담당자가 직접 현장에 참여하는 것이 가장 이상적입니다.

- 인쇄소 작업자(기장)와의 원활한 소통이 중요하며, 사전에 약속한 감리 시간은 꼭 지켜야 합니다.
- 감리를 소홀히 할 경우, 전체 인쇄물에 치명적인 오류가 발생할 수 있으므로, 번거롭더라도 반드시 거쳐야 할 필수 절차입니다.
- 일반적으로는 표지 인쇄 감리 후, 인쇄가 완료된 다음 본문 감리를 진행하며, 전체 소요 시간은 약 1~2시간 정도입니다.
- 감리 시 가제본 책을 꼭 가지고 가서 인쇄본과 비교합니다.

(※ 저는 인쇄소 감리를 갈 때는 담당 작업자분들께 드릴 음료나 간식을 챙겨 갑니다. 결국 사람이 하는 일이라, 작은 배려 하나가 현장에서 더 정성 어린 작업으로 이어지는 것 같습니다.)

인쇄 납품

인쇄 감리가 완료되고 본격적인 인쇄와 제본이 진행되면, 책이 최종적으로 완성됩니다. 이 과정은 보통 1주일에서 2주일 정도 소요되며, 인쇄소의 작업 일정과 주말·공휴일 여부에 따라 기간이 더 길어질 수 있습니다. 최근 대부분의 인쇄소와 제본소가 주 5일 근무 체제를 운영하고 있으므로, 납품 일정은 반드시 이를 감안해 여유 있게 계획해야 합니다.

1. 납품 일정 관리

인쇄소 근무 체제에 따라 실제 작업 기간이 변동될 수 있으므로, 초기 계획 수립 시 반드시 반영하세요.

2. 물류 운송 방식

대부분 인쇄소가 물류센터로 직접 입고를 진행하지만, 출판사로 납품을 원할 경우에는 운반비가 별도일 수 있습니다. 운송 방식과 비용에 대해 사전 협의가 필요합니다.

3. 출고 일정과 협조 체계

납품 후 즉시 서점 출고가 필요한 일정이라면, 물류센터 및 인쇄소와 납품 시간대와 일정을 사전에 조율해두어야 합니다. 예컨대, "오전 중 입고 후 바로 출고할 수 있도록 협조 부탁드립니다"와 같은 구체적인 요청이 실무에서 유리합니다.

4. 협업과 커뮤니케이션

인쇄소, 물류센터, 출판사 간의 원활한 소통이 프로젝트 성공의 핵심입니다. 납품 일정, 시간대, 물류 방식 등이 확정되면 문서나 메일로 정리해 공유하는 것이 좋습니다.

> **책마마 엄대표의 Tip. 인쇄 납품 시 고려할 것**
>
> - 납품까지 1~2주 소요되므로, 충분한 여유를 두고 일정 계획을 세우세요.
> - 운반 방식과 비용 문제는 초기에 분명히 협의하세요.
> - 물류센터 및 인쇄소와 시간대 조율이 서점 출고 시기를 좌우합니다.
> - 모든 일정과 요청 사항은 문서로 기록 및 공유해 실수를 방지하고, 신뢰 관계를 구축하세요.

인쇄 비용

책 인쇄비는 인쇄 부수, 페이지 수, 종이 종류, 인쇄 방식, 컬러 도수, 제본 형태, 후가공 유무 등 다양한 요소에 따라 크게 달라집니다. 실제로 인쇄를 해보기 전에는 정확한 비용을 예측하기 어렵기 때문에, 인쇄소에 견적을 요청하기 전 대략적인 예산을 수립해두는 것이 중요합니다. 여기서는 이를 위한 기본적인 인쇄비 구조를 살펴보겠습니다.

부수	흑백(1도) 인쇄비	컬러(4도) 인쇄비
200부	130만 원	190만 원
500부	180~220만 원	320만 원
1,000부	270~350만 원	450~550만 원

대표적인 인쇄비용(200~250페이지 기준, 국판/신국판, 무선제본)

1. 인쇄비용에 영향을 주는 주요 요소

1) 인쇄 부수: 많이 찍을수록 단가 절감, 적을수록 단가 상승

2) 페이지 수: 페이지가 많을수록 인쇄비 상승

3) 컬러 여부: 흑백보다 컬러가 더 비쌈

4) 판형 크기: 판형이 클수록 비용 증가

5) 종이 종류: 고급지, 특수 용지는 단가 상승 요인

6) 제본 방식: 무선제본(기본, 저렴) vs. 양장제본(고급, 비쌈)

7) 후가공: 코팅, 금박, 형압, 에폭시 등 추가 공정은 비용 증가

8) 인쇄 방식: 오프셋(대량용, 단가 낮음) vs. 디지털(소량용, 단가 높음)

부수	총인쇄비	권당 단가
2,000부	3,795,000원	1,898원
1,500부	3,014,000원	2,009원

부수별 인쇄비 차이

(※ 참고: 부수가 많을수록 권당 단가가 낮아지는 구조입니다. 이는 대량 인쇄 시 단가 절감 효과가 크다는 것을 잘 보여주는 예입니다.)

내 책에 주민등록증을!
ISBN 발급과 납본 절차

<책마마 엄대표의 출판 일기>

세번째 발행자 번호를 받았다.
우와! 이번에는 100권까지 만들 수 있다고 한다.
1년에 5권씩 내면… 20년이네.
조금 더 속도를 내야겠다.
죽기 전에 100권은 만들어야 하지 않겠는가.

ISBN은 책에 부여되는 고유 식별번호로, 일종의 '도서의 주민등록번호'라고 할 수 있습니다. 모든 출판물은 정식 유통을 위해 ISBN이 필수이며, 이는 도서 판매, 유통, 서점 입점, 도서관 등록 등 다양한 경로에서 활용됩니다.

일반적으로 많은 출판사에서는 책을 모두 제작한 후, 인쇄 직전에 ISBN을 신청합니다. 저희 애드앤미디어 역시 '프롬프트 엔지니어링'이라는 제목으로 책을 준비하면서, 표지와 본문까지 모두 완성한 뒤에야 ISBN을 신청하게 되었습니다.

그런데 이미 한 달 전, 다른 출판사에서 동일한 제목으로 ISBN을 등록해둔 상태였고, 해당 제목은 더 이상 사용할 수 없었습니다. 검색 키워드를 노리고 책 제목을 선점한 경우였죠.

결국 부득이하게 책 제목을 《프롬프트 엔지니어링 교과서》로 수정하고, 디자인도 처음부터 다시 작업해야 했습니다. 처음에는 제목을 뺏긴 듯해 억울하기도 했지만, 결과적으로 '교과서'라는 단어가 독자에게 더 친근하게 다가간 덕분인지, 책은 베스트셀러에 오르며 5쇄까지 출간되는 좋은 성과를 거둘 수 있었습니다.

원하는 제목은 놓쳤지만, 베스트셀러로 증명한 책

이 경험을 통해 얻은 교훈은 분명합니다. 출간 예정 제목이나 핵심 키워드가 중요하다면, ISBN을 미리 등록해두는 것 역시 전략이 될 수 있다는 것입니다.

여기서는 ISBN 발급 절차와 납본 제도에 대해 자세히 안내드립니다.

ISBN이란?

ISBN(International Standard Book Number)은 국제표준도서번호로 전 세계적으로 통용되는 도서의 고유 식별번호입니다. 우리나라에서는 국립중앙도서관 산하의 한국서지표준센터에서 관리·발급합니다.

1. ISBN 번호

13자리이고, 5자리의 부가기호를 덧붙여 완성합니다. 접두부는 국제상품코드관리협회가 부여하는 3자리 숫자로, 978의 배정이 완료되어 2013년 3월부터 979의 배정을 시작했습니다.

2. 국가번호

국제ISBN관리기구에서 배정한 번호로, 1자리부터 최대 5자리 숫자로 구성됩니다. 우리나라 국가번호는 접두부에 따라 978-89, 979-11을 사용합니다.

3. 발행자번호

출판사 또는 기관이나 개인 등을 나타내는 번호입니다. 신규 발행자는 발행자 번호 6자리를 배정받게 됩니다.

4. 서명식별번호

발행자가 발행한 출판물의 특정 서명(또는 표제명)이나 판을 나타냅니다. 발행자가 스스로 부여하는 것이 원칙이며, 발행자번호와 서명식별번호의 자릿수의 합은 7이 되어야 합니다.

5. 체크기호

ISBN의 마지막 한 자리 숫자로, ISBN의 정확성 여부를 자동으로 점검할 수 있는 기호입니다. 이 기호는 모듈 10 알고리즘을 사용해 계산됩니다.

6. 부가기호

각각 독자대상기호와 발행형태기호, 내용분류기호로 구성됩니다. 이 중 독자대상기호는 출판 예정 도서의 예상 독자층을 나타내며, 발행형태기호는 출판 예정 도서의 발행 형태 또는 형식을 나타냅니다.

ISBN 구조

ISBN 발급 절차

1단계. 한국서지표준센터 시스템 회원가입

ISBN 발급은 국립중앙도서관 산하 한국서지표준센터에서 진행됩니다. 이 사이트에 접속해 먼저 회원가입을 해야 합니다.

2단계. 발행자번호 신청

회원가입 후 출판사 정보를 등록하고 발행자번호를 신청합니다.

3단계. 온라인 교육 이수(필수)

발행자번호를 부여받기 위해서는 온라인 교육을 반드시 이수해야 합니다.

이 교육은 ISBN 신청, 납본 절차 등 출판 실무의 기본을 안내하며, 초보 출판사에게 꼭 필요한 필수 과정입니다.

교육은 약 1시간 분량으로 구성되어 있으며, 교육 수료 후에야 발행자번호가 최종 승인됩니다.

4단계. 도서별 ISBN 신청

발행자번호가 부여되면, 같은 시스템을 통해 책마다 ISBN을 신청할 수 있습니다. 신청 방식은 온라인, 팩스, 방문 중에서 선택할 수 있으며, 일반적으로 온라인 신청이 가장 편리합니다.

ISBN은 업무일 기준 3일 이내에 발급되며, 반드시 책 인쇄 전에 신청·확보해야 합니다. 출판 직전에 신청하면 납기나 인쇄 일정을 맞추기 어려울 수 있으니 주의가 필요합니다.

5단계. 바코드 삽입

ISBN을 신청하면, 해당 번호와 함께 자동 생성된 바코드 이미지도 함께 제공됩니다. 이 이미지는 책 뒷면에 삽입해야 하며, 온라인 서점, 도서관, 유통업체 등에서의 검색과 유통에 필수 요소입니다.

6단계. 국립중앙도서관 납본

도서가 인쇄·발간된 후에는 30일 이내에 국립중앙도서관에 납본해야 합니다. 이 납본은 도서관법에 따라 의무화된 절차로, 납본하지 않으면 과태료가 부과될 수

한국서지표준센터(https://www.nl.go.kr/seoji)

있습니다. 납본은 2권을 우편 또는 방문으로 가능합니다.

ISBN 발급은 출간책의 공식 등록 절차입니다. 1인 출판사도 출판사 신고와 사업자등록만 완료하면, 누구나 직접 ISBN을 발급받아 책을 출간할 수 있습니다.

 책마마 엄대표의 Tip. 서점 유통을 위해서 ISBN은 꼭 필요합니다!

- 종이책과 전자책은 각각 ISBN이 필요합니다. 같은 콘텐츠라도 서로 다른 매체라면 별도 신청해야 합니다.
- ISBN 발급 절차는 처음에는 낯설지만, 몇 번만 해보면 빠르게 진행할 수 있어요.
- 모든 신청과 절차는 ISBN·ISSN·납본 시스템에서 처리할 수 있습니다.

ISBN 신청 시 필요한 주요 입력 항목

ISBN을 신청하려면 다음 항목들을 모두 작성해야 하며, 이는 실제 ISBN·CIP 통합 발급 시스템(국립중앙도서관) 신청 화면에 기반한 내용입니다. 각 항목은 도서 정보를 공식적으로 등록하기 위한 필수 자료로, 신청 전에 미리 준비해두세요.

1. 출판 예정 도서 정보

- 책 제목: 도서의 정식 제목
- 부제목: 부제가 있을 경우 입력
- 번역서의 원제목: 번역서일 경우 원제 기입
- 저자역할/저자명: 저자, 역자, 감수자 등(여러 명 입력 가능)
- 판유형: 초판, 개정판 구분
- 크기: 가로×세로(mm)
- 페이지 수: 총페이지

- 제본 형태: 무선, 양장, 중철, 스프링제본 등 선택
- 가격: 정가 입력, 비매품/무료 체크
- 발행일: 도서 출간 예정일 입력
- 본문 언어: 한글, 영어 등
- 키워드: 도서 주제를 대표하는 키워드
- 특기사항: 책의 특이사항 입력

2. 추가 정보

- 책 소개: 책의 성격, 특징
- 목차: 장/절 구성이 보이는 목차 입력
- 저자 소개: 약력, 활동 이력 등
- 요약/본문 일부: 간단한 소개글이나 본문의 일부
- 서평: 책의 내용에 대한 평
- 표지/표제지: JPG, PNG, GIF 중 1개 업로드(5MB 이하)
- 판권지: 판권 사항

3. 발행처 정보

- 발행처명
- 대표전화번호
- 주소

4. 신청 담당자 정보

- 신청 담당자
- 담당자 이메일
- 담당자 휴대폰번호
- 안내방법 : 모두 수신(핸드폰, 이메일)

책마마 엄대표의 Tip. ISBN번호, 수정이 가능합니다

- ISBN 출간 전까지 자유롭게 수정 가능합니다.
- 책 내용이나 표지가 완성되지 않았더라도, 제목을 선점하거나 등록 시점이 중요한 경우에는 ISBN을 먼저 발급받는 것이 좋습니다.
- ISBN 신청 시 입력하는 정보(책 소개, 목차, 표지, 출간일 등)는 완성본이 아니어도 기획안 수준으로 먼저 등록해도 무방합니다.
- 단, 출간 예정일은 너무 앞당기지 말고, 최대한 늦게 설정해두는 게 이후 일정 조율에 유리합니다.

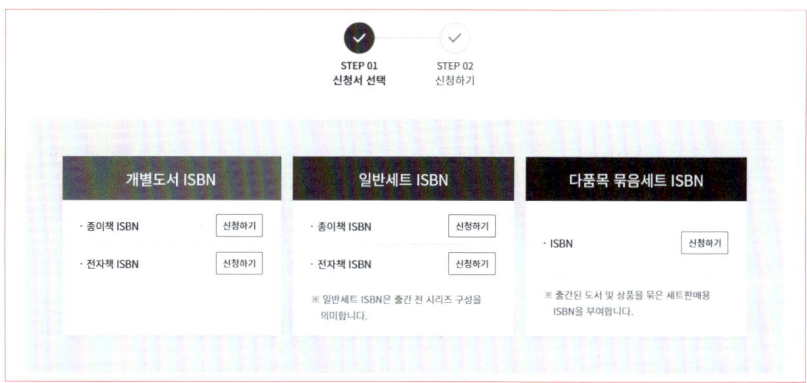

ISBN 통보서 신청 화면

CHAPTER 3. 인쇄소에서 서점까지, 책이 태어나는 과정

발행자 번호 발급 및 ISBN 배정 단계

ISBN은 처음부터 많이 발급받을 수 있는 것은 아닙니다. 폐업 등으로 ISBN이 장기 미사용되는 것을 방지하기 위해, 출간 실적에 따라 점진적으로 발급 수량이 확대되는 구조입니다.

신청 단계	발급 수량	비고
초회 등록	10권	신규 출판사 등록 시, 10권 단위로 ISBN 발급
2회 신청	10권	10권 단위로 ISBN 발급
3회 신청	100권	20권 이상 출간 실적이 있을 경우, 100권 단위로 ISBN 발급 가능
이후 단계	출간 실적에 따라	안정적인 출판사로 인정되면 더 많은 ISBN을 한 번에 발급 가능

발행자 번호 발급 및 ISBN 배정 단계

발행자 번호의 자릿수를 보면, 해당 출판사에서 출판한 권수를 예상하거나 확인할 수 있습니다.

발행자 번호 자릿수	출간 가능 권수(ISBN)
6자리	10권
5자리	100권
4자리	1,000권

발행자 번호별 출간 가능 권수

납본

책이 출간되고 나면, 국립중앙도서관에서 납본 요청 메일을 받게 됩니다. 납본(納本)은 새로 발행된 출판물을 법적으로 정해진 도서관에 제출하는 절차로, 단순한 행정 업무가 아니라 지식문화유산을 국가 차원에서 보존하는 중요한 제도입니다. 종이책뿐 아니라 전자책, 오디오북, 웹툰 등 ISBN·ISSN이 부여된 출판물 모두가 대상입니다. 보통 종이책은 2부를 제출하는데, 하나는 영구 보존용, 다른 하나는 열람용으로 사용됩니다.

1. 납본 절차

1) 자료 준비: 인쇄본 도서, 전자책 파일 등 납본 대상 자료 준비

2) 서류 작성
- '도서관자료 납본서'와 '보상청구서' 작성(국립중앙도서관 홈페이지에서 양식 제공)
- 판매 도서는 정가 1권분 보상금 청구 가능

3) 제출 방식
- 인쇄본: 직접 방문, 우편, 택배 등으로 국립중앙도서관 국가자료납본센터에 제출
- 전자자료: 온라인 시스템으로 업로드

4) 납본 후 처리
- 제출 후 납본증명서 발급(약 2주 소요)
- 보상금 정산은 서류 접수 후 2~3개월 내

납본 대상

납본 절차는 다소 번거롭게 느껴질 수 있지만, 이 작업은 출판사의 책이 국가의 지식문화유산으로 기록·보존되는 의미 있는 과정입니다. 특히 신생 출판사나 1인 출판사일수록 이러한 행정 절차를 꼼꼼히 챙기는 것이 필요합니다. 서류 작성부터 발송까지의 과정을 하나의 출판 업무로 인식하고 정성껏 마무리해주세요.

구분	주요 예시	비고
종이책(단행본)	에세이, 실용서, 소설, 아동도서, 교재 등	ISBN 부여 필수, 2부 제출
정기 간행물	월간지, 계간지, 연감, 학술지 등	ISSN 등록된 간행물 포함
소형 간행물	리플릿, 팸플릿, 브로셔 등	ISBN 없을 경우에도 협조 대상
전자책(eBook)	PDF, EPUB, 모바일 전자책 등	보존용·열람용 파일 각각 제출
오디오북	MP3, M4B 등 오디오 콘텐츠	ISBN 부여 시 납본 대상
웹소설/웹툰 등	유료 플랫폼 등록된 디지털 콘텐츠	ISBN 부여 시 필수, 미부여 시 협조 대상
비도서 자료	CD, DVD, USB 등 부록 포함 자료	도서와 함께 또는 별도로 제출
장애인 특수자료	점자책, 확대본, 음성 변환 자료 등	특수 인쇄물 포함

납본 자료 구분

책마마 엄대표의 Tip. 국립중앙도서관 납본, 이렇게 준비하세요

- 책 납본 시, 도서관자료 납본서 + 보상청구서를 반드시 함께 제출해야 합니다.
- 1인 출판사는 직접 발송이 번거로울 수 있으니, 물류센터에 서류를 미리 전달해 책과 함께 보내달라고 요청하면 효율적입니다.
- 서류 누락 시 보상비 지급이 지연될 수 있으니, 출간 전에 미리 챙겨두세요.

서점 진열대 데뷔 준비,
신간 등록 체크 리스트

〈책마마 엄대표의 출판 일기〉

서점에 가면, 괜히 풀이 죽는다.
잘나가는 출판사의 잘나가는 책들만 가득하니까.

오늘도 교보문고 근처에서 약속이 있어 나갔다가, 결국 서점에 들렀다.
익숙한 출판사의 책이 매대 위에 놓여 있는 것을 보고,
속으로 조용히 축하를 건넸다.
그런데 다음 매대에는 우리 작가님의 이름이 눈에 들어왔다.
하지만 그 책은… 다른 출판사에서 낸 책이다.
질투인지, 부러움인지, 자책인지…
복잡한 감정이 마음속을 한 바퀴 돌아 나간다.
그래도 나는, 사진을 찍어 작가님께 카톡으로 보내드린다.

"작가님, 신간 축하드려요. 반응이 아주 좋아요."

책을 만들었다고 출판이 끝나는 것은 아닙니다. 독자가 실제로 그 책을 구매할 수 있게 하려면, 반드시 서점에 책을 등록하는 절차를 거쳐야 합니다. 이 과정은

책을 '상품화'하고, 주요 서점 플랫폼에 정식으로 노출시키는 작업입니다.

신간 등록을 위해서는 다음 세 가지 자료가 준비되어야 합니다. 이 항목들이 모두 갖춰져야 서점에 신간 등록 요청이 가능하며, 여기서는 서점 등록 절차 전반을 살펴보겠습니다.

서점 등록에 필요한 세 가지 필수 준비물

서점에 책을 등록하려면 다음 세 가지 항목을 반드시 갖춰야 합니다. 이 항목들이 모두 준비되어야만 신간 등록이 가능하며, 각각의 서점에서 책이 검색되고 판매될 수 있습니다.

1. 유통 계약	서점별로 유통 계약을 체결해야 책이 검색되고 판매가 가능합니다. 교보문고, 예스24, 알라딘 등 주요 서점은 각각 별도 계약이 필요합니다.
2. ISBN 등 서지정보	책 제목, 저자, 가격, 판형, 출간일 등 필수 정보 포함(※ ISBN은 누구나 발급받을 수 있으며, 제목·필명·가격은 등록 후 수정이 어렵기 때문에 신중하게 결정해야 합니다.)
3. 책 데이터	종이책은 전면(앞표지), 펼침면(풀커버), 낱권 정보가 필요합니다. 전자책은 EPUB 파일과 메타데이터, 표지 이미지가 필요합니다.

서점 등록에 필요한 필수 요소

신간 등록을 위한 준비물

온라인 서점에 신간을 등록하는 일은 책을 하나의 상품으로 독자에게 선보이기 위한 첫 번째 마케팅 과정입니다. 이는 단순히 '책 제목과 가격을 입력하는 일'이 아니라, 책의 매력을 효과적으로 전달할 수 있도록 판매에 필요한 모든 정보를 체계적으로 준비하는 작업입니다.

책이 독자의 선택을 받기 위해서는 그 자체의 내용뿐 아니라, 눈에 띄는 포장과 설득력 있는 정보 구성이 필요합니다. 다음은 신간 등록을 위해 반드시 준비해야 할 핵심 항목들입니다.

항목	설명	필요 여부
앞표지	책 제목, 저자명, 주요 디자인 요소 포함	필수
뒷표지	책 소개, ISBN 바코드, 가격, 출판사 정보	필수
펼침면(풀커버)	앞표지 + 책등 + 뒷표지 연결 JPG 이미지	필수
미리보기 이미지	책 내지 일부(보통 앞 10~20페이지), JPG 이미지	필수
보도자료	책의 기획의도, 주요 내용, 저자 소개 등을 담은 언론 배포용 문서	필수
카드뉴스	책의 핵심 내용을 요약한 이미지 슬라이드	선택
상세 페이지	책 정보, 목차, 저자 소개, 추천사 등을 정리한 이미지	선택
홍보영상	책 소개 영상, 북트레일러 형식	선택

서점 등록을 위한 이미지·자료 구성표

앞표지

뒷표지

펼침면

CHAPTER 3. 인쇄소에서 서점까지, 책이 태어나는 과정

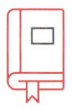

언제 출간할까?
도서 발행일을 정하는 전략

<책마마 엄대표의 출판 일기>

도서 발행일에는 아무도 모르는 나만의 비밀이 있다.
어떤 책은 첫 집을 산 날에, 어떤 책은 대학원에 입학한 날에 맞춰 넣는다.
365일, 의미 없는 날이 어디 있겠느냐마는
책이 나올 무렵, 그즈음의 특별한 날을 조용히 끼워 넣는 일.
그것은 출판사 대표만이 누릴 수 있는 은밀한 특권이다.
누구도 모르지만, 나만은 안다.

도서 발행일은 책이 공식적으로 출판되어 독자에게 유통되기 시작한 날짜를 의미하며, 일반적으로 책 판권 페이지에 기재됩니다. 초판 1쇄, 2쇄, 개정판 등 각 쇄마다 발행일이 별도로 표기됩니다.

실무에서는 발행일과 인쇄일이 반드시 일치하지 않습니다. 유통 일정이나 출고 시점, 마케팅 전략 등을 고려해 인쇄일보다 며칠 뒤의 날짜를 발행일로 지정하는 경우가 많습니다. 예를 들어, 7월 15일에 인쇄가 완료된 책이라도 판권 페이지에는 8월 1일이나 2일로 발행일을 조정할 수 있습니다.

이는 특히 온라인 서점의 '신간 홍보 영역'을 최대한 활용하기 위한 전략적 선택입니다. 신간 등록일을 기준으로 일정 기간에 메인 노출이 가능하므로, 발행일 조정을 통해 마케팅 효과를 극대화할 수 있습니다.

여기서는 발행일 설정의 기준과 활용법에 관해 자세히 소개합니다.

발행일과 출간일, 인쇄일

발행일과 출간일은 대부분의 경우 같은 의미로 사용되지만, 일부 출판사에서는 발행일은 법적 기준, 출간일은 마케팅 기준으로 구분해 관리하기도 합니다. ISBN 등록 시 반드시 발행일을 입력해야 하며, 일정이 변경될 경우 서지정보유통지원시스템을 통해 발행일 정정도 가능합니다.

용어	의미
인쇄일	책이 실제로 인쇄소에서 제작 완료된 날짜
발행일	책이 공식적으로 출판되어 유통 및 판매가 시작된 날짜
출간일	출판사에서 책을 세상에 내놓은 시점(발행일과 거의 동일하게 사용)

인쇄일, 발행일, 출간일 구분

온라인 서점 노출 기준

교보문고, 예스24, 알라딘 등 주요 온라인 서점에서는 '신간 소개', '이번 달 신간' 등의 분류에서 발행일 기준으로 책을 노출합니다. 발행일을 월 초로 지정하면, 같은 달 신간 목록에 더 오래 노출되는 효과를 볼 수 있습니다.

예를 들어, 인쇄일이 7월 20일이고 유통 준비에 시간이 소요되어 실제 판매가 8월 초에 이루어진다면, 발행일을 8월 1일로 지정하는 것이 더 유리합니다.

예약 판매를 할 경우

예약 판매를 진행할 경우, 발행일을 인쇄일보다 2주에서 한 달가량 뒤로 조정하는 것이 일반적입니다. 이는 먼저 온라인 서점에 도서를 등록한 뒤, 사전 홍보와 판매 분위기를 조성하기 위한 전략적 선택입니다.

1. 출판사 입장에서의 효과

1) 초기 수요 예측이 가능해, 초판 인쇄 부수와 재고를 효율적으로 관리할 수 있습니다.
2) 독자 반응과 시장 반응을 바탕으로 마케팅 전략을 보완할 수 있습니다.
3) 예약 판매 데이터는 출간 전 베스트셀러 진입 가능성을 높이는 지표가 됩니다.

2. 작가에게는?

1) 팬층과 기대감을 확인할 수 있는 기회
2) 독자와의 브랜드 소통 강화, 초기 수익 흐름 가늠 가능

3. 독자에게는?

1) 출간일보다 먼저 책을 받아볼 수 있는 우선 소장 기회
2) 예약 구매자 전용 사은품·할인·이벤트 등 특별 혜택 제공

4. 마케팅 측면의 장점

1) 구매 시점을 앞당기고, 프리미엄 소비 유도
2) 책의 가치 인식 상승 효과

이처럼 온라인 서점 예약 판매는 단순한 사전 구매를 넘어, 수요 예측·재고 관리·브랜딩·마케팅 효과까지 아우르는 전략으로, 신간 흥행을 결정짓는 중요한 지표로 작용합니다.

책마마 엄대표의 Tip. 발행일 지정 전략

- 발행일은 판권에 기재되므로 한번 등록하면 쉽게 바꾸기 어렵습니다.
- 출고일 기준으로 3~5일 후를 발행일로 설정하면 마케팅과 유통을 병행하기 좋습니다.
- 신간 등록과 동시에 서점에 책이 노출되려면, 발행일과 유통 일정이 반드시 맞물려야 합니다.
- 예판을 고려 중이라면 발행일은 예판 종료 시점 또는 실배송 시작일로 지정하는 것이 실용적입니다.

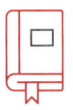

어디에 내 책이 꽂힐까?
온라인 서점 카테고리의 비밀

<책마마 엄대표의 출판 일기>

> 신간이 나오면,
> 아침에 눈을 뜨자마자 온라인 서점 앱을 켠다.
> 판매지수가 올랐을까?
> 분야별 순위는 조금이라도 움직였을까?
> 단 한 칸만 올라가 있어도… 그냥, 좋다.

온라인 서점의 카테고리는 책이 속한 주제나 분야를 나타내며, 독자가 원하는 책을 쉽고 빠르게 찾을 수 있도록 돕는 검색 및 분류 체계입니다.

교보문고, 예스24, 알라딘 등 주요 서점에서는 출판사와 협의해 대분류, 중분류, 소분류의 형태로 카테고리를 설정합니다. 카테고리는 단순한 분류를 넘어, 독자의 관심을 끌고 노출을 유도하는 마케팅 도구로도 활용됩니다.

저희 책 중 《한 권으로 끝나는 노션》은 디지털 메모 앱을 소개하는 내용이라, 처음에는 IT 분야로만 분류하는 것이 자연스러워 보였습니다. 하지만 이 책은 단순한 앱 사용법을 넘어서, 자기관리와 목표 설정 같은 자기 계발적 요소도 담고 있었기에, IT와 자기 계발 두 분야에 모두 등록하기로 결정했습니다. 그 결과, 이 책은 자기 계발 카테고리에서 베스트셀러 순위에 오르며 더 많은 독자에게 노출될 수 있었고, 실질적인 판매 확대로 이어졌습니다.

 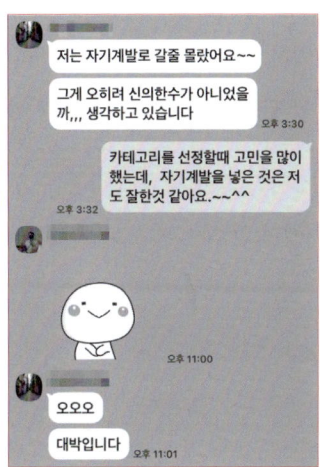

IT 책에서 자기 계발 책으로. 전략이 만든 베스트셀러

이처럼 책의 내용과 콘셉트를 다각도로 분석해 복수 카테고리를 전략적으로 선택하면, 좀 더 넓은 독자층에게 책을 효과적으로 알릴 수 있습니다. 여기서는 온라인 서점 카테고리의 구조와 활용 전략에 대해 알아보겠습니다.

온라인 서점의 주요 카테고리

교보문고, 예스24, 알라딘 등은 독자의 편의를 위해 도서 분야를 세분화해 운영하고 있습니다. 서점마다 약간 다르지만, 보통 다음과 같은 카테고리로 분류됩니다.

- 소설 / 에세이 / 시
- 자기 계발 / 인문 / 사회 / 경제 / 경영 / 과학
- 예술 / 여행 / 아동·청소년 / 만화 / 전기 / 논픽션
- 실용 / 요리 / 가정·육아 / 건강 / 종교 / 외국어 등

카테고리 분류 방식의 특징

출판사가 책의 카테고리를 제안할 수 있지만, 최종 분류는 서점의 기준이나 담당 MD의 판단에 따라 달라질 수 있습니다.

ISBN 등록 시 입력하는 KDC(한국십진분류법)와 달리, 온라인 서점의 카테고리는 주로 검색 편의성과 판매 효율을 고려한 실용 중심의 분류 체계입니다.

같은 책이라도 서점마다 분류 방식이 다를 수 있습니다. 예를 들어, 교보문고에서는 '건강' 카테고리에 속한 책이 예스24에서는 '자기 계발'로 분류될 수 있습니다.

교보문고 카테고리

예스24 카테고리

알라딘 카테고리

온라인 서점 카테고리 차이

온라인 서점 카테고리는 비슷하지만, 다음과 같이 조금 다른 차이가 있습니다.

구분	교보문고 특징	예스24 특징	알라딘 특징
세부 분류	분야별 세분화와 전문성 강조 (예: '한국소개도서', '교보오리지널' 등 자체 브랜드 카테고리 운영)	테마별, MD 추천, 신상품/베스트/스테디 등 큐레이션 중심의 분류 강화	전자책·음반·굿즈 등 다양한 콘텐츠 중심 분류, '알라딘 굿즈', '커피' 등 라이프 확장
중고 서적	별도 카테고리('중고도서') 운영, 오프라인 연계 강화	'중고샵' 등 중고도서 전문관 운영, 다양한 중고상품 카테고리 제공	온라인·오프라인 중고 전문. 전국 중고매장 운영, 책·음반·DVD 통합 판매
콘텐츠 확장	전자책, 오디오북, DVD/음반 등 별도 카테고리 명확히 구분	도서 외에도 음반, 공연, 티켓, 문구 등 문화상품 카테고리 확대	도서 외에도 굿즈, 커피, 문구 등 생활소비재까지 확장
추천/ 이벤트	'오늘의 선택', '일간 베스트', '이 주의 책' 등 자체 알고리즘 기반 추천 시스템 운영	'오늘의 책', '추천도서', '기획전', '출간 이벤트' 등 다양한 큐레이션 운영	'추천마법사', '이벤트존', '북펀딩', '서재의 달인' 등 독자 참여형 추천 시스템 및 행사 운영

온라인 서점 카테고리별 특징

서점 카테고리 전략이 중요한 이유

카테고리는 단순한 분류 체계를 넘어, 도서 마케팅의 핵심 전략으로 작용합니다. 어떤 카테고리에 속하느냐에 따라 책의 노출도, 판매량, 인지도에 큰 차이가 생깁니다.

1. 독자 경험과 선택의 편의성
온라인 서점에서 카테고리는 하나의 '서가'와 같습니다. 관심 분야로 들어가면 유사한 책들을 쉽게 비교하고 발견할 수 있습니다. 정확한 카테고리 분류는 독자의 탐색 경험을 돕고, 자연스러운 구매로 이어질 수 있습니다.

2. 도서 노출과 판매 전략
서점은 카테고리별로 베스트셀러, 신간, 추천 도서를 따로 진열합니다. 따라서 어떤 카테고리에 책이 속하느냐가 곧 노출 전략의 일부가 됩니다. 더 많은 눈길을 끌수록, 판매로 연결될 확률도 높아지기 때문입니다.

3. 검색과 큐레이션 최적화
많은 독자가 검색을 통해 책을 찾습니다. 카테고리별 필터, 기획전, MD 추천 등 내부 큐레이션도 이 기준에 따라 운영되므로, 정확한 분류는 검색 최적화에 필수적입니다.

4. 출판사와 저자에게 주는 영향
출판사는 책의 성격과 타깃 독자에 맞는 카테고리를 신중하게 선택해야 합니다. 적절한 카테고리는 독자와의 연결 통로가 되고, 마케팅의 출발점이 됩니다. 반대로, 부적절한 카테고리에 배치되면 좋은 책도 눈에 띄지 않아 판매 기회를 놓칠 수 있습니다.

책마마 엄대표의 Tip. 카테고리 전략의 힘

- 카테고리는 반드시 하나로 한정할 필요는 없습니다.
- 책의 주제와 연관된 확장 분야를 함께 넣는 전략이 실제 판매에 긍정적인 영향을 줄 수 있습니다.
- 독자는 예상하지 못한 카테고리에서 책을 발견하는 경우도 많습니다. 이것이 바로 카테고리 전략의 힘입니다.

드디어 판매 시작!
온라인 서점 입성하기

<책마마 엄대표의 출판 일기>

사업 초기에는 책 한 권을 온라인 서점에 등록하려면
메일을 여러 번 써야 했다.
뭔가 빠뜨리거나, 오타가 있거나, 내용이 어긋나 있거나…
한번 잘못 보낼 때마다 자괴감이 밀려왔다.

하지만 지금은?
거의 한 번에 통과다.
나도 이제 전문가가 된 것인가?

신간 도서를 교보문고, 예스24, 알라딘 등 온라인 서점에 등록하려면, 먼저 보도자료, 표지 이미지, 상세 페이지 등 홍보용 자료를 모두 준비해두어야 합니다. 그다음 각 서점의 신간 등록 담당자 이메일로 등록 요청 메일을 발송하면 됩니다. 메일에는 책 정보와 함께 첨부 자료를 정리해 보내야 하며, 등록 승인 후에는 서점 내 상품 페이지가 생성됩니다.

저 역시 처음에는 너무 긴장한 나머지, 메일에서 실수를 자주 하곤 했습니다. 그

때마다 밀려오는 자괴감에 속상할 때가 많았죠.

하지만 직접 겪어 보니, 서점 담당자분들은 초보 출판사의 실수에 익숙하고, 대부분 매우 관대하게 대응해주셨습니다. 실수에 대해 친절하게 안내해주시기도 하고요. 그러니 처음이라고 너무 긴장하지 않으셔도 괜찮습니다.

여기서는 서점별 신간 등록 절차와 유의 사항, 그리고 등록 후 관리 방법까지 단계별로 자세히 안내드리겠습니다.

온라인 서점 등록 절차

온라인 서점에 신간을 등록하려면, 먼저 필수 자료를 꼼꼼하게 준비한 뒤, 다음과 같은 단계로 진행합니다.

1. 신간 등록 자료 준비

보도자료, 표지 이미지, 펼침면 이미지, 상세 페이지, 책 소개 정보 등 홍보와 등록에 필요한 모든 자료를 미리 정리해둡니다.

2. 서점별 신간 등록 요청 메일 발송

각 온라인 서점(예: 교보문고, 예스24, 알라딘 등)의 신간 등록 담당 이메일 주소로 위 자료를 첨부해 등록 요청 메일을 보냅니다.

3. 신간 등록 후 정보 확인

서점에 책이 업로드되면, 표지 이미지나 책 소개 내용에 누락된 부분이 없는지, 판매 시작일이 정확히 설정되었는지(즉시 판매 또는 예약 판매) 꼼꼼히 확인해야 합니다.

4. 최종 정보 확인 및 승인

모든 정보가 정확하게 반영되었는지 재차 검토하고, 필요시 서점 측에 수정 요청을 한 후 등록을 확정합니다.

5. 홍보 시작

책이 서점에 정상 등록되면, 카드뉴스, 보도자료, SNS 등을 활용한 본격적인 마케팅 활동을 시작할 수 있습니다.

서점별 신간 등록 이메일

- 교보 신간 등록 이메일: new@kyobobook.co.kr
- 예스24 신간등록 이메일: book@yes24.com
- 알라딘 신간등록 이메일: paper@aladin.co.kr

서점별로 신간 등록 전용 메일 주소 또는 파트너 사이트(공급자 전용 시스템)를 운영하는 경우가 많으므로, 출판사 등록 후 안내받은 공식 채널을 반드시 이용하세요.

책마마 엄대표의 Tip. 신간 등록할 때 자료를 철저히 준비하세요!

신간 등록은 준비된 자료의 완성도에 따라 처리 속도가 달라집니다. 필수 자료를 모두 갖춰 메일을 발송하면, 빠르면 1~2시간 내 등록이 완료되기도 합니다. 반면, 자료가 누락되었거나 미흡할 경우에는 담당자와의 추가 커뮤니케이션을 거쳐 1~2일 이상 소요될 수 있습니다.

신간 등록 메일 작성 시 필수 정보

처음 신간 등록 메일을 작성하려고 하면, 어떤 형식으로 보내야 할지 막막하실 수 있습니다. 사실, 서점과의 소통은 생각보다 세심함이 필요합니다. 작은 실수 하나(예를 들어 ISBN 오기재나 가격 누락)만으로도 등록이 지연될 수 있기 때문입니다. 그래서 처음 메일을 작성하실 때는 다음과 같은 정보를 정확하고 간결하게 정리해 전달하는 것이 중요합니다.

안녕하세요.
도서 등록 담당자님께.

애드앤미디어 출판사입니다. 저희 출판사에서 신간 《내 몸을 살리는 신장 디톡스》를 출간하게 되어 연락드립니다.

본 도서는 약사이자 건강 전문가인 이창현 저자의 오랜 연구와 임상 경험을 바탕으로 집필되었습니다.
신장 디톡스의 중요성을 강조하며, 신장을 통한 혁신적인 건강 관리 방법을 소개합니다. 독자들에게 신체적, 정신적 건강을 아우르는 종합적인 웰빙 접근법을 제시하는 귀중한 자료가 될 것입니다.

신간 정보는 다음과 같습니다.

제목: 내 몸을 살리는 신장 디톡스
저자: 이창현
감수: 이지현
판형: 152*225mm
정가: 20,000원
페이지 수: 284쪽
ISBN: 979-11-93856-08-6(03510)
발행일: 2024년 10월 13일
서점출고일 : 2024년 10월 10일
판매 방식: 등록 후 바로 예약 판매

카테고리 분류
국내도서 〉 건강 취미 〉 질병과 치료법
국내도서 〉 건강 취미 〉 건강에세이/건강기타
국내도서 〉 건강 〉 건강일반 〉 건강상식

신간 등록을 위해 필요한 파일을 첨부했습니다.

신간소개 이미지 파일
책 소개 보도자료

보내드린 자료에 대해 궁금하신 점이나 추가로 필요한 사항이 있다면 언제든 말씀해주세요. 등록 후 바로 예약 판매로 진행 부탁드립니다.

감사합니다.

애드앤미디어 출판사 드림

신간 등록 메일 기본 예시

신간 등록 시 판매 방식 반드시 명시

신간 등록 메일을 보낼 때는 판매 방식을 반드시 함께 안내해야 합니다.
서점 담당자는 판매 시작일과 예약 판매 여부에 따라 시스템 등록과 일정을 조정하기 때문에, 이 정보가 누락되면 판매 일정에 차질이 생길 수 있습니다.

- "등록 후 바로 예약 판매로 진행 부탁드립니다."
- "판매 시작일은 2025년 7월 10일로 설정해주시길 바랍니다."
- "출간일과 동일하게 7월 1일부터 판매 시작 요청드립니다."

이처럼 예약 판매 여부 또는 정확한 판매 시작일을 명시해주시면, 서점 등록 과정에서 혼선 없이 일정이 원활하게 운영됩니다.

신간 등록 후 수정 요청

신간 등록은 사람이 담당하는 작업이기에 아무리 꼼꼼히 준비해도 실수나 누락이 발생할 수 있습니다. 이럴 경우 감정적 대응보다 명확하고 간결한 수정 요청이 훨씬 효과적입니다. 담당자도 수정 항목이 분명할수록 신속하게 처리할 수 있습니다.

1. 수정 요청 시 유의 사항

신간 등록 후 수정 요청을 보낼 때는 다음 항목을 체크해보세요. 담당자 입장에서 확인과 반영이 훨씬 수월해집니다.

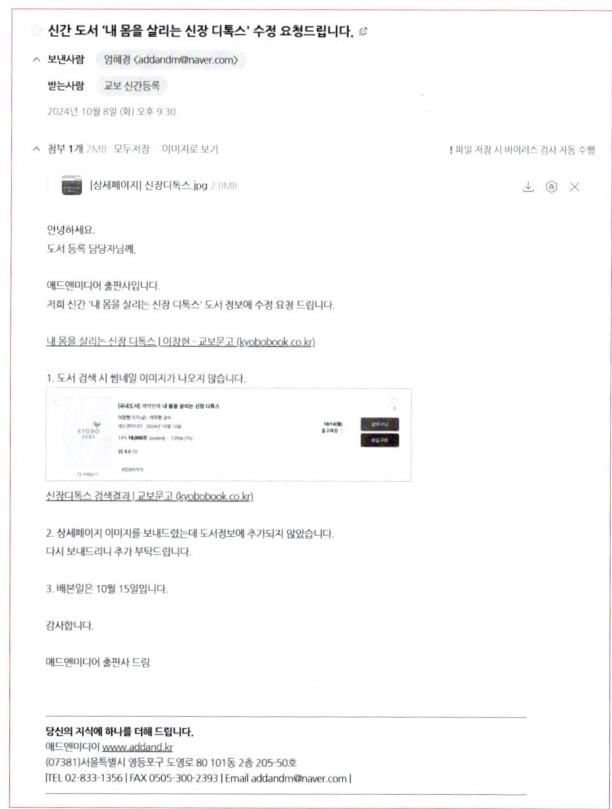

구분	설명
제목	'[도서명] 수정 요청드립니다'처럼 간결하고 명확하게
서점 페이지 링크	잘못 등록된 항목이 어디인지 확인 가능하도록 URL 포함
수정 항목 정리	번호나 구분으로 분류 ① 썸네일 이미지 교체 ② 출간일 → 10월 15일로 수정
스크린샷 첨부	오류 상황을 시각적으로 보여주면 확인이 빠릅니다.
첨부 파일명	명확하게 지정(예: 신장디톡스_상세.jpg)
문체	간결하고 예의 있게 - 감정 표현을 최소화하고 요청 중심으로

교보문고 수정 요청 메일

예약 판매

신간 도서의 예약 판매는 단순히 '미리 주문' 이상의 전략적 의미와 효과를 지닙니다. 출판사, 저자, 독자 모두에게 다양한 이점을 제공하며, 출판 생태계 전반에 긍정적인 영향을 미치는 혁신적인 마케팅 방법으로 자리 잡고 있습니다.

1. 출판사와 저자에게 주는 효과

1) 초기 수요 예측에 도움
예약 판매 수치를 통해 예상 독자 수요를 가늠할 수 있습니다. 초판 부수 결정이나 재고 관리에도 큰 도움이 되지요.

2) 마케팅 집중 시점 확보
예약 기간에 한정판 굿즈, 이벤트 등을 집중적으로 알릴 수 있습니다. 출간 전부터 기대감을 쌓기 좋은 시점입니다.

3) 서점 노출과 베스트셀러 진입 가능성
예약 실적이 좋으면 서점 MD에게 책의 가능성을 설명할 근거가 됩니다. 실제로 예약 판매만으로 베스트셀러 차트에 오르는 책도 많습니다.

4) 팬베이스 강화와 신규 독자 유입

고정 팬들의 지지를 확인할 수 있고, 이벤트 등을 통해 처음 만나는 독자층을 확보할 수도 있습니다.

예약 판매만으로 예스24 베스트셀러에 오르다!(5월 26일 예약 판매, 5월 31일 베스트셀러)

2. 독자 입장에서의 장점

1) 가장 먼저 받아 보는 만족감

예약 구매자는 출간일에 맞춰 책을 제일 먼저 받아 볼 수 있습니다.

2) 한정판 굿즈, 할인 혜택 등

예약 기간만 제공되는 사인본, 북마크, 가격 할인 같은 특별한 혜택을 누릴 수 있습니다.

3) 작가와의 소통 기회

온라인 라이브, 댓글 이벤트 등 저자와 직접 연결될 기회도 생깁니다.

3. 출판 시장과 문화에 미치는 영향

1) 신진 작가와 실험적인 기획에 힘을 실어줍니다
예약 판매는 틈새시장의 실험적 기획도 검증받을 기회가 됩니다.

2) 출간 전략을 유연하게 만들 수 있습니다
예약 반응에 따라 출간일을 조정하거나, 마케팅 방향을 바꿀 수 있습니다.

3) SNS, 북트레일러 등과 연계해 시너지 효과
카드뉴스, 영상 등 다양한 콘텐츠와 함께 홍보할 수 있어 주목도도 높아집니다.

> 책마마 엄대표의 Tip. 독자 기대감을 높일 수 있는 예약 판매

- 예약 판매는 출간 전부터 독자의 기대감을 키우고, 초반 판매 성과를 만드는 데 아주 효과적인 전략이에요.
- 하지만 유의해야 할 점도 있습니다. 초기 반응이 미미하면, 책에 대한 시장 인식이 약해질 수 있습니다.
- 그래서 보통은 저자의 지인, 초기 독자층을 중심으로 예약 판매를 시작해요.
- 이것을 기반으로 소셜 증거가 쌓이면서 '인기 있는 책'이라는 인식을 만드는 거죠.

신간 발주

신간이 출간되어 교보문고에 입고되었는데, 정작 서점 매장에 보이지 않는 일이 있었습니다. 작가님과 지인들 모두 "왜 아직 책이 안 들어왔냐?", "언제부터 서점에서 살 수 있느냐?"라는 문의를 해왔지만, 처음에는 그 이유를 알 수 없었습니다. 이상하다 싶어 서점 담당자에게 다시 확인해보니, '신간 발주' 절차가 누락되었기 때문이었습니다.

단순 입고만 된 상태라, 물류 창고에는 책이 있었지만 '신간 도서'로 분류되지 않아 매장 진열이 되지 않았던 것이죠. 급히 코드 수정을 요청해 문제를 해결했지만, 당시에는 진땀을 흘릴 수밖에 없었습니다.

이처럼 신간이 온라인 서점에 등록되었다고 끝난 것이 아닙니다. 그다음 단계는 반드시 서점 측에 '신간 발주 요청'을 보내는 것입니다. 신간 발주는 기존 도서의 일반 발주와는 다르게, 담당 MD에게 직접 메일로 요청해야 진행됩니다.

이때 중요한 점은, 서점마다 분야별로 담당 MD가 다르다는 것입니다. 예를 들어 여행서라면 '여행 MD', IT 책이라면 'IT MD'에게 발주 요청을 보내야 하며, 이는 책이 적절한 서가에 배치되고, 해당 분야의 MD로부터 관심을 받기 위한 중요한 전략입니다.

신간 발주 요청이 접수되면, 서점에서는 책의 성격과 수요를 판단해 초기 주문 수량을 결정하게 됩니다. 즉, 발주 요청 메일은 책의 첫 노출과 초기 반응을 좌우할 수 있는 핵심 절차임을 기억해두시기를 바랍니다.

- 교보문고 담당자 : https://www.kyobobook.co.kr/partners/chargeperson
- 예스24 담당자 : https://www.yes24.com/company/info.aspx
- 알라딘 담당자: https://www.aladin.co.kr/ucl_editor/supplier/notice/notice_2024.htm

[신간 도서 발주 요청] '내 몸을 살리는 신장 디톡스'

○○○ MD님, 안녕하세요.
애드앤미디어 출판사입니다.

저희 신간 〈내 몸을 살리는 신장 디톡스〉가 오늘 입고되어 내일부터 출고 가능합니다. 현재 예약 판매 상태이므로 판매 상태로 변경해주시고, 신간 발주도 부탁드립니다.

도서 정보는 아래와 같습니다.

도서명: 내 몸을 살리는 신장 디톡스
저자: 이창현
ISBN: 9791193856086
출판사: 애드앤미디어
출간일: 2024년 10월 13일
상품링크: https://product.kyobobook.co.kr/detail/S000214488424

다음 주 월요일부터 출고가 가능합니다.
월요일 중 발주 요청을 주시면, 바로 출고가 진행될 수 있도록 준비하겠습니다.

빠르고 세심한 지원에 항상 감사드립니다.

신간 발주 요청 메일 발송

안녕하세요. 교보문고 도서구매팀 ○○○입니다.

신간 도서 〈내 몸을 살리는 신장 디톡스〉
10월 15일 100부
부곡리센터 (○○% 매절) 출고 부탁드립니다.

빠른 입하 처리를 위해 신간 도서들만 단독 발행, 신간 도서묶음 '신간' 표기 후 출고해주세요.

인터넷 교보문고상의 '예약 판매' 상태는
신간 도서, 물류센터 입고 후 자동으로 '판매 상태'로 처리될 예정입니다.

추가로 업무용 증정 도서 1부 택배 또는 방문으로 전달 부탁드립니다.

* 주소 : (10881) 경기도 파주시 문발로 249, 교보문고 북시티 B동 1층
　　　　 도서구매팀 ○○○
전화 : 02-2076-0340

감사합니다.

신간 발주 요청 메일에 대한 답변 메일

신간이 온라인 서점에 등록되었다고 해서 모든 절차가 끝난 것은 아닙니다. 매장 진열이 시작되려면 반드시 '신간 발주 요청' 절차가 이어져야 합니다. 이 과정을 거치지 않으면 책이 물류 창고에만 쌓여 있고, 실제 매장에서는 독자들이 만나볼 수 없는 상황이 발생할 수 있습니다.

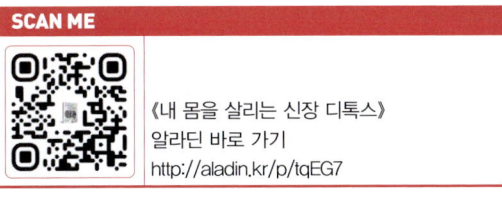

판매 가능성이 보이면, 신간 발주가 달라진다

CHAPTER 4

좋은 책도
알려야
팔린다

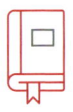

기자님, 우리 책 좀 봐주세요!
보도자료 작성의 기술

<책마마 엄대표의 출판 일기>

"대표님, 새 책 나오면 언제든지 연락해주세요."

그 말이 얼마나 고마운지, 눈물이 날 정도다.
우리 책이 나올 때마다 보도기사를 내주시는 분들.
정말이지, 복 많이 받으시길.

출간을 앞두고 가장 먼저 준비해야 할 실무 중 하나는 보도자료 작성입니다. 보도자료는 말 그대로 '보도되기를 바라는 자료'이자, 신간을 외부에 공식적으로 소개하는 기본 문서입니다.

주로 온라인 서점, 신문·잡지, 뉴스레터, 북 블로거 등 외부 채널에 책을 알리는 데 활용되며, 책의 핵심 정보를 간결하게 전달하는 '책의 얼굴'이라고 할 수 있습니다.

실무에서는 이전 책의 보도자료를 참고하거나 복사해 쓰는 일이 흔합니다. 이 과정에서 ISBN을 바꾸지 않거나, 가격 정보를 잘못 기입하는 등 사소하지만 치명적인 실수가 발생하기 쉽습니다. 저 역시 출판 초기에 이런 실수를 여러 번 겪었습니다.

이 책을 읽는 분들이 같은 실수를 반복하지 않고, 처음부터 정확하고 효과적인 보도자료를 완성할 수 있기를 바라는 마음으로, 여기서는 보도자료 작성 시 유의할 점과 실전 작성 팁을 자세히 소개합니다.

보도자료 핵심 내용

보도자료는 책의 기획의도와 강점을 명확히 전달할 수 있습니다. 기자나 서점 MD가 책을 빠르게 이해하고 소개할 수 있도록 도와줍니다. 또한 블로그, SNS, 유튜브 등 다양한 홍보 채널에 통일된 정보를 제공하기 위한 기본 자료이기도 합니다.

신간 홍보용 보도자료에는 다음과 같은 핵심 항목이 포함되어야 합니다.

구성 항목	설명
도서 기본 정보	제목, 부제, 저자, 출판사, ISBN, 출간일, 판형, 페이지 수, 정가 등
발행일	독자에게 유통되기 시작한 날짜
책 소개	책의 기획배경, 콘셉트, 특징을 간결하게 요약
저자 소개	작가 이력, 전문성, 관련 활동 등
카테고리 분류	책이 속한 주제 영역. 대분류-중분류-세분류 구조로, 온라인 서점 분류 및 타깃 독자 설정에 활용됨
출판사 서평	이 책이 왜 필요한지, 누구에게 어떤 도움을 주는지
추천사 요약	책에 대한 신뢰도와 사회적 검증 효과 제공
책 속 인용문	인상적인 문장, 책의 분위기를 전달하는 발췌문
목차	책의 구조와 흐름을 보여주는 목차 정리
홍보용 해시태그	SNS나 포털 노출을 위한 키워드 제공
연락처 및 문의처	출판사 전화, 이메일, 주소 등 실무적 정보

신간 홍보용 보도자료 작성 시 포함해야 할 핵심 항목

보도자료 예시

다음은 애드앤미디어에서 출간한 책의 보도자료를 보여드립니다. 보도자료 양식은 QR을 통해 다운로드 받을 수 있습니다.

구분	내용
도서명	모모와 다큰 왕자
부제/콘셉트	나를 알고 타인을 이해하는 7인 7색 관계 심리학
저자명	엄혜선(글·그림)
출판사	도서출판 애드앤미디어
ISBN	979-11-982408-8-0 (13180)
출간일/출고일	2024년 3월 4일 발행/2024년 3월 1일 출고
판형/페이지	148×210mm/220쪽
정가	19,000원
책 소개 요약	어린 왕자 패러디를 통해 다양한 인간관계를 탐색하고, 타인과의 관계를 심리학적으로 풀어낸 우화적 자기 계발서
주요 키워드	ENFP 주인공, 인간관계, 심리학, 관계회복, 다큰 왕자, 모모, MZ세대 관계 멘토링
저자 소개	심리학 콘텐츠를 글과 그림으로 풀어내는 작가, 강의 및 상담 활동 중. 디지털 일러스트 병행
카테고리	자기 계발 〉인간관계/심리/삶의 자세
추천사	심리상담전문가, 교수, 예술가 등 다양한 분야에서 추천사 제공
출판사 서평	어린 왕자를 패러디한 심리학 콘텐츠, 다큰 왕자의 관계 회복 여정, 일상 속 인간관계에 대한 실질적 통찰 제공
책 속 인용문	5~6개 주요 본문 발췌문(관계, 감정, 성격 유형 등과 관련된 상징적 대사)
목차	7인 7색 등장인물과 유형별 관계 해설, 워크북 구성, 추천사 포함
홍보용 해시태그	#다큰왕자 #모모와다큰왕자 #심리학 #인간관계 #관계회복 #ENFP주인공 #자기이해 #어린왕자패러디
연락처 및 문의처	도서출판 애드앤미디어(전화, 이메일, 주소 기재)

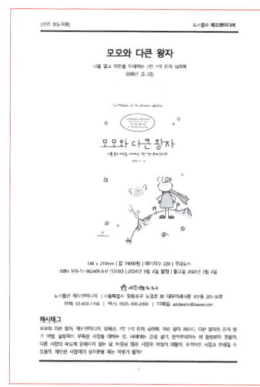 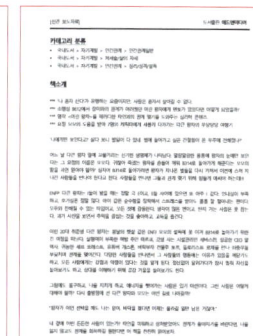 

《모모와 다른 왕자》 보도자료

SCAN ME

다음의 QR 또는 링크를 통해 보도자료 샘플을 다운로드 받으세요.
https://naver.me/G7CSByEo

책마마 엄대표의 Tip. 보도자료 작성 실전 팁

- 보도자료는 온라인 서점에 그대로 노출되는 글입니다. 내용 구성, 문장 흐름, 오탈자 등에 각별히 신경 써야 합니다.
- A4 5~10장 이내로 간결하게 정리하세요.
- 책의 핵심과 흥미 포인트를 중심으로, 독자의 호기심을 자극하는 방식으로 작성하세요.
- 책 표지 이미지는 반드시 함께 첨부하세요.

매장 영업이 어려워요.
1인 출판사의 영업 방법

<책마마 엄대표의 출판 일기>

책 영업은 참 어렵다.
처음 만나는 서점 MD 앞에서,
'내가 만든 책'을 소개하고,
판매를 설득해야 한다는 것은 정말 큰 부담이다.
나는 말보다는 실행이 편하고,
영업에는 젬병인 전형적인 ISTP인데,
그런 내가 어떻게 이 장벽을 넘을 수 있을까?

서점에 들어서면 눈에 띄는 것은 바로 '매대를 가득 채운 책들'입니다. 출판사를 시작했을 때, 저 역시 그 풍경을 보며 막막한 마음이 들었습니다. 출판 영업을 해본 적도 없고, 어디서부터 배워야 할지도 몰랐기 때문입니다.

우리 책도 매대에 올리고 싶어 신간을 들고 직접 교보문고 매장을 찾았습니다. 하지만 현실은 녹록지 않았습니다. 담당 MD는 바쁘게 움직이고 있었고, 이야기를 나누기도 쉽지 않았습니다. 그 와중에 들은 말은 더 큰 충격이었죠.

"매대에 책을 올라오려면 최소 주당 20권 이상은 팔려야 해요."

첫 책을 낸 1인 출판사에게는 매우 높은 기준이었고, 자신감은 크게 꺾였습니다. 시간이 지나면서 알게 된 사실은, 서점 매대는 대부분 베스트셀러로 채워지고 일부는 '임대' 방식으로 운영된다는 점이었습니다. 다시 말해, 베스트셀러가 아니라면 광고비(자릿세)를 지불하고 계약을 맺어야만 매대에 오를 수 있습니다.

> 문화 책과 생각
>
> ## 서점 안 명당은 좋은책 자리? 돈낸 자리!
>
> 대형서점들 목좋은 곳 '특별 매대' 명목 판매
> "돈 많은 출판사 책만 팔려" 시장왜곡 논란
> 서점쪽 "매장내 판촉비용 내게 하는 것일 뿐"

광고비가 필요한 서점 매대
출처: 한겨레미디어(https://www.hani.co.kr/arti/culture/book/220587.html)

교보문고 매대 영업 방법

교보문고의 매대 진열은 흔히 '운영'이라기보다 광고 면을 임대하는 개념에 가깝습니다. 출판사(또는 작가) 측은 서점과 별도 계약을 맺고, 일정 기간 진열 공간을 확보하는 방식을 택해야 합니다.

먼저 자격 요건부터 확인하셔야 합니다.

출판사는 사업자 등록을 완료한 뒤, 교보문고와 정식 거래 계약(전자계약 포함)을 체결하셔야 합니다. 개인 작가는 POD(주문형 출판)나 지역 행사 매대 등, 매우 제한적인 기회만 허용되므로 현실적으로는 출판사 명의 계약이 우선입니다.

계약·입점 절차는 다음과 같습니다.

- 교보문고 홈페이지 '입점 안내' 메뉴 또는 담당 부서에 문의하시고,
- 매대의 위치·기간·광고비를 협의하신 뒤,
- 계약을 체결하고 광고비를 결제합니다.
- 지정된 위치에 도서를 납품·진열하시면 됩니다.

노출이 좋은 인기 매대는 경쟁이 치열하므로 사전 예약이 필수라는 점을 기억해 두시면 좋겠습니다.

광고비(매대 사용료)는 위치와 유형에 따라 월 50만 원에서 400만 원까지 차이가 큽니다. 노출 효과가 뛰어난 자리일수록 금액과 경쟁도 높아지니, 예산 대비 효율을 면밀히 분석하셔야 합니다.

운영 단계에서는 서점 담당자와 협의해 POP, 배너 등 판촉물을 설치하실 수 있습니다. 일반 진열 기간은 보통 1~4주이며, 판매 성적이 부진하면 서점 측에서 조기 철수를 요구하기도 합니다. 반대로 판매 호조 시에는 진열 기간을 연장 협상하실 수 있으니, 판매·프로모션 데이터를 수시로 확인해 대응하시길 바랍니다.

정리하자면, 교보문고 매대는 사실상 '광고 면'을 임대하는 구조입니다. 출판사에서는 정식 거래 계약 + 광고비 예산을 준비하시고, 매대 위치·진열 기간·프로모션을 적극적으로 협상·관리하셔야 원하는 노출 효과를 얻으실 수 있습니다.

1인 출판사의 영업 전략

저희 애드앤미디어의 책은 다행히도 별도의 영업 없이 교보문고 매대에 올라 있어, 작가님들이 인증사진을 찍어 보내주는 등 좋은 반응으로 시작하는 경우가 많았습니다. 하지만 매대에도 올라가지 못하는 책들이 다수입니다. 이럴 때 1인 출판사는 어떻게 영업해야 할까요?

교보문고 매대에 장기간 놓여 있었던 애드앤미디어의 출간 도서

1인 출판사의 책이 매대 진입을 위해 할 수 있는 방법은 크게 세 가지로 정리할 수 있습니다.

1. 신간·특별 프로모션 적극 활용

대형 서점에는 출간 직후 일정 기간 '신간 코너'에 기본 진열되는 혜택이 있습니다. 여기에 교보문고 등은 출판사 PT 공모, 테마 매대 이벤트를 수시로 진행합니다. 선정되면 1~4주간 매대를 무료로 사용할 수 있으니, 출간 일정에 맞춰 공모 정보를 확인하고 PT 자료를 미리 준비해두면 좋습니다.

2. 예약 판매(프리오더)로 초기 판매량 확보

출간 전 예약 판매를 열어 초반 주문량을 확보하면, 서점 MD에게 '반응이 확인된 신간'으로 각인됩니다. MD가 매대 진열 후보로 검토할 확률이 그만큼 높아집니다.

3. 트렌드·온라인 버즈 선점

매대 상단은 언제나 현재의 화제 키워드가 차지합니다. AI, 재테크, 라이프 스타일처럼 현재 독자가 찾는 주제를 빠르게 반영해 보도자료와 북 트레일러를 준비하세요. 또 SNS 해시태그 챌린지·숏폼 영상으로 먼저 온라인 버즈를 일으키면,

서점에서도 관심을 가지고 매대 진열로 이어질 가능성이 커집니다.

| 신간 프로모션 확보 | → | 예약 판매로 초기 수요 증명 | → | 트렌드와 연동한 온라인 홍보 |

이 세 가지를 꾸준히 이어 가신다면 1인 출판사도 대형 서점 매대를 충분히 실질적인 판매 채널로 전환하실 수 있습니다.

예전처럼 발로 뛰며 영업에 매달리지 않더라도, 전략적인 기획과 데이터 기반 홍보만으로도 서점 유통을 안정적으로 확보할 수 있다는 뜻입니다.

 책마마 엄대표의 Tip. 우리 책, 교보문고 매장에 몇 권 남았지?

교보문고 홈페이지 또는 앱에는 [매장 재고·위치] 버튼이 숨어 있습니다.
클릭 한 번이면 전국 교보문고의 어떤 매장에 우리 책이 몇 권이 있는지 한눈에 확인할 수 있습니다.

 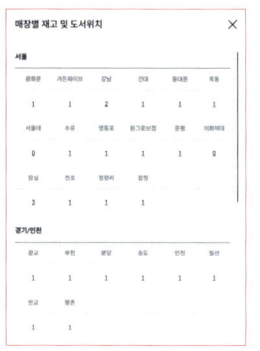

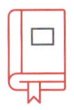

인스타그램 세대를 사로잡는
카드뉴스 제작법

<책마마 엄대표의 출판 일기>

여러 출판사에서 책을 내신 작가님이
"애드앤미디어는 홍보물을 많이 만들어줘서 좋다"라고 하셨다.
그 한마디가 얼마나 힘이 되는지.
칭찬은 출판사 대표를 춤추게 한다.
더 만들어야겠다.
작가님들이 자유롭게, 편하게 쓸 수 있도록.

코로나 시기에 스무 살 청년이 원고를 들고 저를 찾아왔습니다. 자신을 '미개봉 중고'라고 소개한 2001년생 청년은, 스무 살에 자서전을 썼다며 조심스럽게 원고를 내밀었습니다. 처음에는 고개를 갸웃했습니다. 스무 살 청년이 자서전이라니?

하지만 이야기를 듣는 순간 생각이 달라졌습니다. 질풍노도의 시간, 그를 믿고 기다려준 엄마, 허벅지를 찌르며 시작한 뒤늦은 공부, 그리고 10등급에서 1등급까지 올라선 드라마 같은 성장기. 짧지만 깊고, 진한 삶의 서사였습니다.

저는 그 자리에서 결심했습니다.

'이 책은 팔리지 않아도 만들어야 한다.'

그렇게 우리는 책을 만들기로 했습니다. 첫 미팅에서 나눈 이야기로 카드뉴스를 제작해 인스타그램에 올렸습니다. 놀랍게도 이 카드뉴스는 MZ세대에게 뜨거운 공감과 반응을 끌어냈고, 자발적인 서평이 계속되는 뜻깊은 결과로 이어졌습니다.

이 경험은 저에게 확신을 심어주었습니다. 진심이 담긴 콘텐츠는, 몇 장의 카드뉴스로도 독자의 마음을 흔들 수 있다는 것입니다.

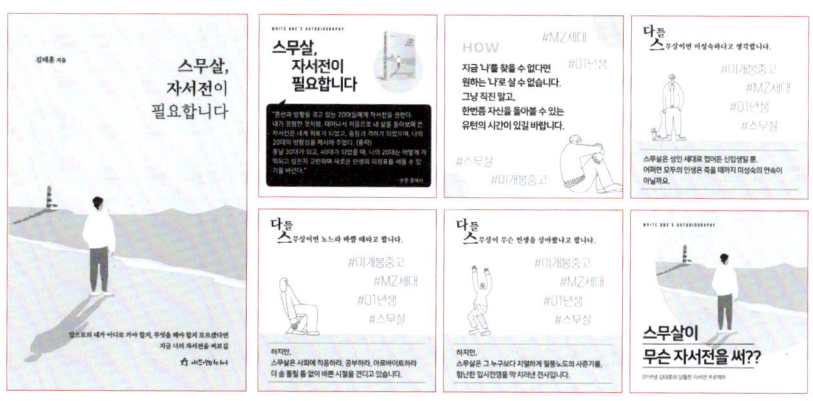

진심 하나로, MZ세대의 마음을 움직인 카드뉴스

SCAN ME

《스무 살, 자서전이 필요합니다》 교보문고 바로 가기
https://product.kyobobook.co.kr/detail/S000001984774

카드뉴스는 신간 홍보에 특히 효과적인 콘텐츠 형식입니다. SNS, 블로그, 이메일 뉴스레터, 온라인 서점 등 다양한 채널에 활용할 수 있고, 짧은 시간 안에 책의 핵심 매력을 시각적으로 전달할 수 있다는 점이 가장 큰 장점입니다.

많은 출판사가 카드뉴스 제작을 전문 디자이너에게 맡기거나 외주 용역을 활용합니다. 하지만 책 한 권을 여러 주제로 풀어 카드뉴스로 제작하려면 시간과 비용이 꽤 많이 듭니다.

저는 출판사의 카드뉴스, 상세 페이지, 홍보 영상까지 직접 제작하고 있습니다. 디자인 플랫폼 '망고보드'를 초기에 익혀 자유롭게 활용하면서, 외주 비용은 줄이고 작업 속도를 높일 수 있었습니다. 이것이 제가 1인 출판사를 유지해올 수 있었던 핵심 전략 중 하나였습니다.

사실 카드뉴스는 책을 가장 깊이 이해한 사람, 즉 1인 출판사 대표나 편집자가 직접 만드는 것이 더 효과적일 수 있습니다. 망고보드와 같은 도구만 잘 활용하면, 디자이너 못지않은 결과물을 충분히 만들 수 있기 때문입니다.

여기서는 책의 특성을 정확하고 매력적으로 전달하는 카드뉴스 제작 노하우를 소개합니다.

카드뉴스 기획과 구성

카드뉴스를 기획할 때는 목적을 명확히 정하셔야 합니다. 이 책은 누구를 위한 책인지, 어떤 내용을 전달하고 싶은지, 그리고 어떤 점에서 독자의 흥미를 끌 수 있는지를 먼저 정리하시는 것이 좋습니다.

일반적으로 카드뉴스는 5장부터 많게는 10장 정도로 구성합니다. 장마다 하나의 메시지를 중심으로 구성하며, 텍스트와 이미지가 균형을 이루도록 신경 써야 합니다.

다음은 카드뉴스 구성 예시입니다.

순서	내용
1장	책 제목, 표지 이미지, 한 줄 소개
2~3장	책의 핵심 메시지, 인상 깊은 문장, 콘셉트 강조
4~6장	책만의 차별점, 추천사 소개
마지막 장	작가소개, 구매 링크, 해시태그, CTA(Call To Action)

  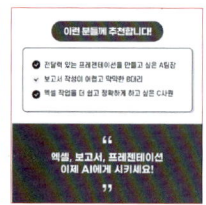 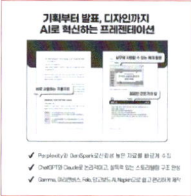
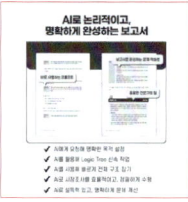  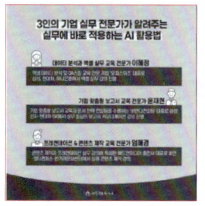

카드뉴스 예시

카드뉴스 디자인 팁과 콘텐츠 구성

카드뉴스는 정보를 효과적으로 전달하는 동시에, 시각적인 완성도도 중요합니다. 처음 제작하는 분들에게는 디자인이 부담스러울 수 있지만, 요즘은 누구나 쉽게 활용할 수 있는 편리한 도구들이 많이 마련되어 있어 걱정할 필요가 없습니다.

1. 실전에서 자주 쓰이는 디자인 도구와 팁

카드뉴스 제작 도구로는 망고보드, 캔바(Canva) 등이 있습니다. 이런 플랫폼에는 카드뉴스 전용 템플릿이 준비되어 있어, 디자인 경험이 없어도 간단하게 시작하실 수 있습니다.

망고보드(https://www.mangoboard.net)

캔바(https://www.canva.com/ko_kr)

카드뉴스를 만들 때는 다음 요소에 유의해 주세요.

- 템플릿을 적극 활용하세요. 시간은 줄이고 완성도를 높일 수 있습니다.
- 색상과 폰트, 로고를 통일감 있게 유지하시면 브랜드 인식에 도움이 됩니다.
- 문장은 짧고 명확하게, 글자 크기는 시원하게, 여백은 넉넉히 쓰시는 것을 추천 드립니다.
- 이미지 배치도 중요합니다. 책 표지, 저자 사진, 주요 일러스트 등이 메시지를 효과적으로 보완해줍니다.

카드뉴스 콘텐츠 아이디어

막상 카드뉴스를 만들려 하면 어떤 내용을 담아야 할지 막막할 수 있습니다. 다음 아이디어들을 참고해, 책의 매력을 효과적으로 전달해보세요.

1. 책 속 한 문장 또는 인상적인 문구
독자의 감정을 움직이는 문장은 콘텐츠의 중심이 됩니다.

2. 저자의 메시지
집필 동기나 독자에게 전하고 싶은 말을 담으면 진정성과 신뢰감을 줄 수 있습니다.

3. 구매 혜택 안내

사전 예약, 굿즈, 이벤트 등은 구매 결정을 유도하는 실질적 요소입니다.

4. 초기 독자 후기나 추천사

짧은 문장 하나로도 책에 대한 신뢰도와 관심도를 높일 수 있습니다.

5. 책 속 미리보기

내지 일부를 이미지로 보여주면, 독자가 실제 책을 넘겨 보는 듯한 경험을 할 수 있습니다.

카드뉴스 활용 전략

완성된 카드뉴스는 다양한 채널에서 적극적으로 활용되어, 노출 기회를 크게 넓힐 수 있습니다.

1. SNS 업로드

인스타그램, 페이스북, 트위터 등에서 카드뉴스를 한 장씩 순차적으로 게시하면 자연스럽게 반복 노출 효과를 기대할 수 있습니다.

2. 블로그·카페 게시글에 삽입

책 소개 포스트에 카드뉴스를 이미지 형태로 넣으면, 시각적 전달력이 한층 강화됩니다.

3. 온라인 서점 상세 페이지 활용

카드뉴스를 '책 소개'나 '이벤트 안내' 섹션에 삽입하면 구매 전환율을 높이는 데 도움이 됩니다.

4. 이메일 뉴스레터 발송

구독자에게 신간 소식을 전할 때 카드뉴스를 포함하면, 열람률과 클릭률을 효과적으로 높일 수 있습니다.

책 마마 엄대표의 Tip. 카드뉴스 제작 실전 팁

- **첫 장은 관심을 끄는 데 집중하세요**
  - 책표지와 함께 강렬한 한 줄 소개나 문제 제기를 넣으면 효과적입니다.

- **한 슬라이드, 한 메시지**
  - 한 장에는 한 가지 메시지만 넣어 주세요. 문장이 많으면 읽기 힘들어지고, 전달력도 떨어집니다.

- **시각 중심의 구성을 고려하세요**
  - 이미지와 글이 서로를 보완하도록 배치하세요.
  - 긴 문장은 줄이고, 키워드는 크고 명확하게 강조하는 것이 좋습니다.

- **색상은 통일감 있게**
  - 책의 톤앤매너와 일치하는 색상 2~3가지로 통일하면, 브랜드 일관성과 완성도가 높아집니다.

- **연결성과 흐름을 고려하세요**
  - SNS에서 카드뉴스는 여러 장을 넘기며 보게 되므로, 장 간 연결성과 리듬감을 고려한 구성 설계가 필요합니다.

클릭을 부르는 마법,
온라인 서점 상세 페이지 만들기

〈책마마 엄대표의 출판 일기〉

> 상세 페이지를 올렸는데, 또 오타 발견…. (숙연)
> 나는 왜 아직도 이럴까?
> 어휴. 얼른 고쳐서 다시 올리자.
> 문제가 생겼을 때는 빠르게 해결 방법을 찾는 게 최선이다.

상세 페이지는 독자가 책을 검색했을 때 가장 먼저 마주하게 되는 정보이자, 구매 여부를 결정짓는 핵심 마케팅 콘텐츠입니다.

책의 핵심 매력과 실질적인 정보를 짧은 시간 안에 효과적으로 전달하기 위해서는 내용 구성과 시각적 배열을 체계적으로 정리하는 것이 중요합니다. 특히 요즘처럼 모바일 환경에서 책을 접하는 경우가 많을수록, 한눈에 들어오는 정보 구조와 명확한 메시지가 성패를 좌우합니다.

작업 흐름을 효율적으로 하기 위해, 먼저 카드뉴스를 제작한 뒤 이를 상세 페이지로 확장하는 방식도 많이 활용됩니다. 같은 소재를 바탕으로 메시지를 재구성하면, 콘텐츠 제작 부담을 줄이면서도 일관된 홍보 효과를 낼 수 있기 때문입니다.

여기서는 상세 페이지를 구성하는 핵심 요소와 효과적인 제작 방법을 중심으로, 실무에서 바로 활용할 수 있는 노하우를 소개합니다.

상세 페이지 구성 요소

상세 페이지는 기본적으로 다음과 같이 구성됩니다. 내용 구성은 자유롭게 할 수 있으며, 다음의 내용에서 추가하고, 빼는 것은 출판사의 재량입니다.

구분	주요 내용 및 예시
표지 이미지	고해상도(가로 900픽셀 이상) 표지 이미지, 필요시 뒷표지 또는 입체표지 포함
타이틀	책 제목, 부제, 저자명, 출판사명, 출간일, ISBN 등 기본 정보
메인 카피	책의 핵심 메시지, 타깃 독자에게 어필할 한 문장(두괄식, 임팩트 있게)
책 소개	객관적이고 간결한 책의 개요, 주요 소구점 (광고성 문구는 지양, 출판사 서평과 구분)
저자 소개	저자 이력, 사진(가능 시), 저술 동기 등
목차	전체 목차 또는 주요 챕터 요약
책 속으로	본문 일부 발췌(미리보기), 인상적인 구절
상세 이미지	책의 특징·구성을 시각적으로 보여주는 이미지 (카드뉴스, 인포그래픽, 내지 미리보기 등)
추천사	독자·전문가 추천 문구(있을 경우)
가격/정보	정가, 판형, 페이지 수, 부록, 배송·반품 안내 등
리뷰/평점	독자 리뷰, 별점, SNS 후기 등(등록 후 자동 노출)

상세 페이지 주요 내용

상세 페이지 실전에서 자주 쓰이는 디자인 도구와 팁

상세 페이지 제작 도구로는 망고보드, 캔바 등이 있습니다. 이런 플랫폼에는 상세 페이지 전용 템플릿이 준비되어 있어, 디자인 경험이 없어도 간단하게 시작하실 수 있습니다.

1. 상세 페이지 제작 시 유의사항

상세 페이지는 정보를 빠르게 전달하고, 시선을 사로잡을 수 있어야 합니다. 다음의 팁을 참고해 효율적으로 구성해보세요.

1) 섹션별 핵심 메시지

하나의 섹션에는 하나의 메시지만 담아야 효과적입니다. 복잡한 설명보다 직관적인 문장이 좋습니다.

2) 이미지 중심 구성

고해상도 표지, 내지 미리보기, 카드뉴스 등을 활용해 시각적으로 전달하세요.

3) 광고성 표현 주의

'1위', '완판' 등은 일부 서점에서 제한될 수 있으니, 신뢰를 주는 서술로 대체하는 것이 좋습니다.

4) 모바일 최적화

전체 이미지 규격은 가로 900픽셀 이상, 세로 16,383픽셀 이하를 유지해야 등록이 가능합니다.

신간 도서 상세 페이지는 표지, 핵심 메시지, 책 소개, 저자 정보, 목차, 미리보기, 카드뉴스 등으로 구성하며, 이미지와 간결한 텍스트로 독자의 구매욕을 자극하는 것이 중요합니다. 각 온라인 서점의 등록 규격을 준수하고, 타깃 독자가 궁금해할 정보 위주로 구성하세요.

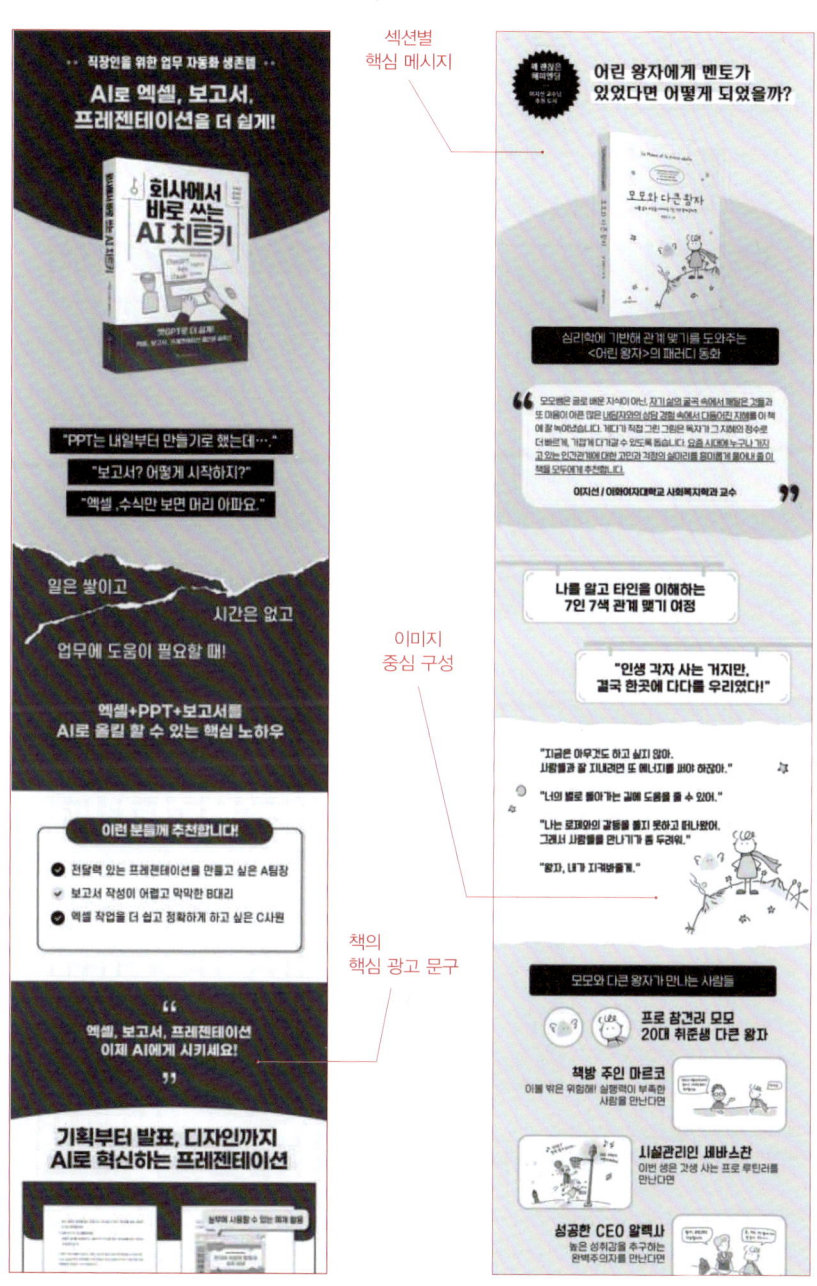

애드앤미디어 신간 상세 페이지

CHAPTER 4. 좋은 책도 알려야 팔린다 195

책마마 엄대표의 Tip. 상세 페이지 디자인 이렇게 하세요

1. 망고보드에서 카드뉴스 형태로 디자인을 합니다.

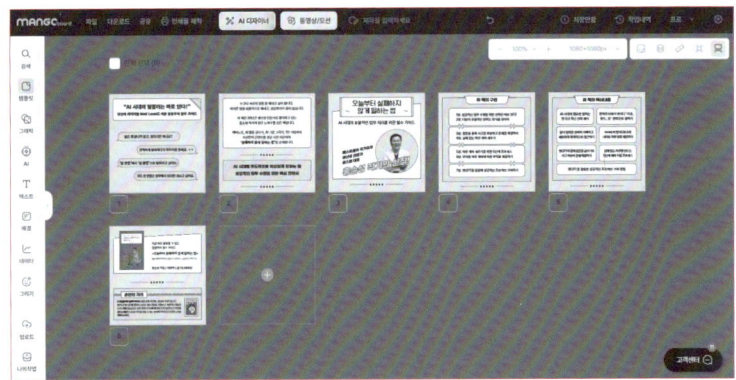

2. 다운로드에서 JPG를 선택하고, '한 장으로 합치기'를 선택합니다.

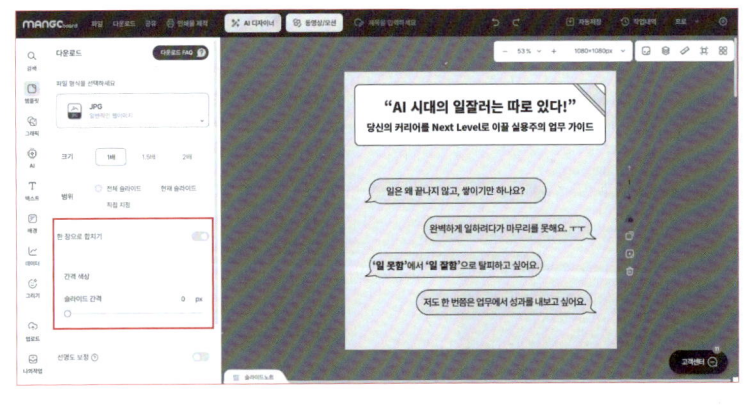

3. 다음과 같이 한 장의 상세 페이지로 완성됩니다.

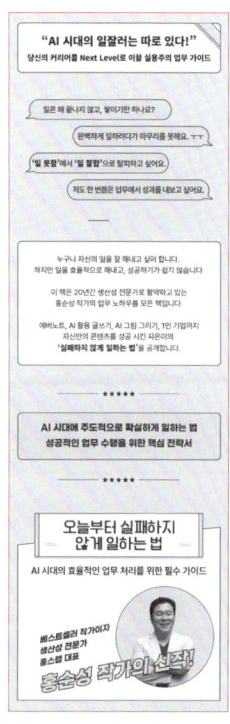
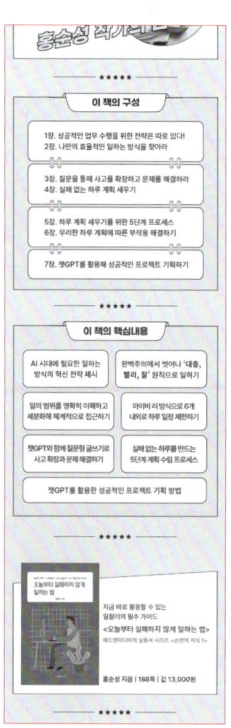

문고판으로 처음 도전한 실용서

《오늘부터 실패하지 않게 일하는 법》
알라딘 바로 가기
http://aladin.kr/p/yRspR

CHAPTER 4. 좋은 책도 알려야 팔린다

3초 안에 독자 마음 훔치기,
신간 홍보 영상 제작

〈책마마 엄대표의 출판 일기〉

책에 기체조 파트가 있어서
작가님의 동작을 아이폰으로 직접 촬영했다.
망고보드로 영상을 편집하고,
책 판매로 이어지는 QR코드까지 만들어
유튜브에 업로드했다.
하나부터 열까지, 혼자 힘으로 한다.
강의를 나가면 자신 있게 말한다.
"제가 출판사를 유지할 수 있었던 가장 큰 힘은,
홍보에 필요한 콘텐츠를 직접 만들 수 있었기 때문입니다."

책을 알리는 방식은 점점 더 멀티미디어 중심으로 진화하고 있습니다. 그중에서도 '북 트레일러(Book Trailer)'는 짧고 강렬한 영상으로 책의 분위기와 핵심 메시지를 효과적으로 전달하는 콘텐츠로 자리 잡고 있으며, 온라인 마케팅에서 독자의 시선을 끌기 가장 좋은 포맷 중 하나로 주목받고 있습니다.

홍보 영상은 단순한 시청용 콘텐츠를 넘어, 책의 정체성을 시각화하고, 구매 욕

구를 자극하는 디지털 포스터 역할을 합니다. 특히 유튜브, 인스타그램, 네이버 TV, 전자책 플랫폼 등 다채널 확산이 가능하다는 점에서 홍보 파급력이 큽니다.

홍보 영상의 유형은 북 트레일러 형식, 저자 인터뷰, 낭독 영상, 리뷰 요약 영상 등으로 다양하게 제작합니다.

영상 제작은 꼭 전문가만이 할 수 있는 영역은 아닙니다. 캔바, 망고보드, 키네마스터 등의 도구를 활용하면 초보자도 손쉽게 제작이 가능하며, 저비용으로도 충분한 품질의 영상을 만들 수 있습니다.

여기서는 책을 홍보하는 데 활용할 수 있는 다양한 영상 유형과 활용 전략, 그리고 1인 출판사도 실현 가능한 현실적인 제작 팁을 함께 소개합니다.

책 홍보 영상의 대표 유형

신간을 알릴 수 있는 영상은 다음과 같은 유형으로 나뉩니다.

1. 북 트레일러

책의 주제와 인상적인 장면을 예고편 형식으로 요약한 영상(30초~3분 내외)입니다. 시청자의 호기심을 자극하는 데 효과적입니다.

2. 저자 인터뷰

저자가 직접 출간 계기, 책의 핵심 메시지, 집필 과정 등을 소개하는 영상입니다. 독자와의 신뢰 형성에 도움이 됩니다.

3. 책 낭독/명장면 읽기

책의 일부를 저자나 성우가 낭독해 분위기를 전하는 콘텐츠입니다. 감정 이입과 몰입감을 유도할 수 있습니다.

4. 숏폼(Shorts/Reels)

핵심 문장이나 인상 깊은 문구를 짧게 편집한 영상(보통 60초 내외)입니다. SNS에서 빠른 노출과 공유에 적합합니다.

5. ASMR/음향 콘텐츠

책과 어울리는 배경음이나 효과음을 활용해 감성을 자극하는 영상입니다. 분위기 중심의 브랜딩에 효과적입니다.

홍보영상 제작 단계 가이드

책 홍보영상을 제작할 때는 기획부터 업로드까지 각 단계를 체계적으로 준비하는 것이 중요합니다. 다음은 실전에 바로 활용할 수 있는 단계별 가이드입니다.

기획과 스토리보드 작성	• 책의 핵심 메시지와 장면을 정리하고, 영상 길이(30초~3분)와 활용 플랫폼(유튜브, 인스타그램 등)을 결정합니다. • 각 장면에 들어갈 자막, 이미지, 전환 효과 등을 구상해 스토리보드로 구성합니다.
소재 준비	• 책 표지, 내지 이미지, 일러스트 등 관련 자료를 수집합니다. • 무료 이미지 사이트(픽사베이, 언스플래시 등)를 활용할 수 있으며, 저자 인터뷰나 낭독 영상이 필요한 경우 직접 촬영도 병행합니다. • 배경음악, 효과음, 내레이션 등 오디오 요소도 사전에 확보해두면 좋습니다. • 망고보드와 같은 디자인 플랫폼을 사용할 경우 무료 이미지 사이트를 찾지 않아도 됩니다.
영상 편집	• 캔바, 망고보드, 캡컷, 프리미어 등 비디오 편집 툴을 활용해 제작합니다. • 자막과 효과를 추가하고, 영상 초반에는 시선을 끄는 문구를 배치합니다. • 마지막에는 '지금 구매하기' 같은 행동 유도(CTA)를 꼭 넣어주세요.
플랫폼별 최적화	• 유튜브: 가로형(16:9), 1~3분 • 인스타그램·페이스북: 정사각형 또는 세로형, 30~60초 • 틱톡·쇼츠: 세로형, 15~60초 (※ 대부분의 사용자가 소리를 끄고 보므로, 자막 삽입은 필수입니다.)
업로드 및 홍보	• 제작된 영상을 SNS, 온라인 서점 상세 페이지, 이메일 뉴스레터에 업로드합니다. • 북튜버, 인플루언서와의 협업을 통해 확산 효과를 기대할 수 있습니다.

홍보영상 제작 시 단계별 가이드

홍보영상 제작에 사용하는 프로그램

1. 망고보드

1) 템플릿 기반의 온라인 디자인·영상 제작 툴로, 디자인 경험이 없어도 쉽게 영상 제작이 가능합니다.
2) 다양한 이미지, 아이콘, 폰트, 애니메이션 효과를 제공하며, 슬라이드 방식으로 장면을 구성하고 효과·시간을 설정할 수 있습니다.
3) 인트로·아웃트로 제작에 용이하며, 다른 편집 프로그램과 연동해 활용할 수 있습니다.
4) 책 표지, 주요 문구, 저자 소개, 서평 등을 활용한 간단한 영상 제작에 적합합니다.

2. 캡컷(CapCut)

1) PC와 모바일에서 모두 사용 가능한 무료 영상 편집 툴입니다.
2) 컷 분할, 자막·이미지 삽입, 음악 추가, 색상 보정, 트랜지션, 애니메이션 등 다양한 기능을 지원합니다.
3) 초보자도 쉽게 사용할 수 있으며, 고급 편집도 가능한 유연한 도구입니다.
4) 망고보드에서 제작한 장면을 가져와 컷 편집, 자막 삽입, 효과 추가 등으로 완성도를 높일 수 있습니다.

3. 프리미어 프로(Adobe Premiere Pro)

1) 영화, 방송, 유튜브 등 다양한 콘텐츠 제작 현장에서 사용되는 전문가용 소프트웨어입니다.
2) 고급 컷 편집, 색상 보정, 그래픽 삽입, 키프레임 애니메이션 등 정밀한 작업이 가능합니다.
3) 포토샵, 일러스트레이터 등 어도비(Adobe) 제품과의 연동이 뛰어나고 다양한

출력 형식을 지원합니다.

4) 본격적인 영상 콘텐츠, 북 트레일러, 광고 등 고퀄리티 영상 제작에 적합합니다.

프로그램	난이도	특징 및 장점	추천 활용
망고보드	매우 쉬움	템플릿 기반, 빠른 제작, 초보자 적합	SNS용 카드 형식 영상
캡컷	쉬움~중급	무료, 컷 편집·자막·음악·효과 지원	짧은 편집 영상, 릴스·쇼츠
프리미어 프로	중급~고급	전문가용 고급 편집, 색보정, 다양한 효과 지원	유튜브용 트레일러, 광고

홍보영상 제작 프로그램 비교

홍보영상 제작 과정 소개

이 영상은 《NEW 한 권으로 끝내는 노션》의 핵심 메시지를 효과적으로 전달하기 위해 다음과 같은 과정으로 제작됩니다.

1. 시나리오 작성

책의 주요 특징과 메시지를 정리해, 시청자의 관심을 끌 수 있는 구성으로 시나리오를 만듭니다.

번호	내용	설명
#1	좋은 선생님에겐 중요한 특징이 있습니다.	• 시청자의 호기심을 자극하는 임팩트 있는 오프닝 • 영상 초반 3초 안에 주목도 확보
#2	어려운 것을 쉽게 풀어 설명하고,	• 흥미를 자연스럽게 이어가는 연결 문장 • '쉽고 명확한 설명'의 중요성 강조
#3	쉬운 것부터 단계를 차근차근 밟아가며 목표를 달성하게 하지요.	• 체계적인 학습 흐름 전달 • 교육 콘텐츠로서의 신뢰감 형성
#4	여기, 노션을 가장 쉽고, 가장 친절하게 알려주는 책이 있습니다.	• 콘텐츠 중심 소재(도서) 소개 • 자연스러운 주제 전환
#5	바로 NEW 한 권으로 끝내는 노션	• 책 제목 명확히 제시 • 영상 주제 강조

번호	내용	설명
#6	책 표지	• 책의 시각적 정보 제시 • 브랜드 인지도 강화
#7	"이 책은 노션에 입문할 수 있게 도와주는 책이고, 옆에 끼고 보면서 할 수 있는 실용서 같은 책이다." – 예스24 만화카페마실님 책 후기 –	• 실사용자 후기 인용 • 실용성과 초보자 친화성 강조
#8	"이 책은 필요한 부문만 얘기한다. 노션이라는 서비스를 설치하고, 가입하고, 하나씩 천천히 따라 하다 보면 어느새 노션이라는 기능을 익힐 수 있게 했다. 결과물도 바로 만들어낼 수 있다." – 교보문고 cocodol님 책 후기 –	• 단계별 구성과 실습 가능성 부각 • 콘텐츠의 완성도 강조
#9	"완전 초심자 입장에서 노션이라는 서비스를 기초부터 심화과정까지 접근할 수 있게 잘 구성된 책이었다." – 교보문고 책소년님의 책 후기 –	• 기초부터 심화까지 구성력 전달 • 입문자 관점의 신뢰 확보
#10	《NEW 한 권으로 끝내는 노션》은 노션의 바뀐 기능으로 모두 업그레이드 했습니다. 노션의 새로운 보기 기능인 타임라인 보기 기능이 잘 설명되어 있습니다. 우리나라 10명밖에 없는 노션 앰배서더 중 2명의 앰배서더인 피터 킴, 이석현 두 분이 공동 집필하셨습니다. 어떤 매뉴얼보다 정확하고, 친절한 설명을 받으실 수 있습니다.	• 최신 기능 반영 • 국내 노션 앰배서더 공동 집필로 전문성 강조 • 정확하고 친절한 설명 부각
#11	《NEW 한 권으로 끝내는 노션》 온라인 서점에서 바로 구입할 수 있습니다.	• 구매 유도형 콜 투 액션 • 영상 흐름과 자연스럽게 연결
#12	검색창에 'NEW 한 권으로 끝내는 노션'을 검색해보세요!	• 명확한 검색 행동 유도 • 구매 전환을 위한 마지막 CTA

슬라이드 구성

망고보드를 활용해 시나리오에 맞춘 시각적 슬라이드를 디자인합니다.

 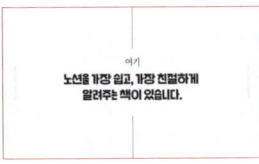 

《NEW 한 권으로 끝내는 노션》의 영상 슬라이드

영상 편집

망고보드 동영상 에디터 기능을 이용해 애니메이션 효과, 시간 설정, 배경 음악 등을 추가해 생동감 있는 콘텐츠로 완성합니다.

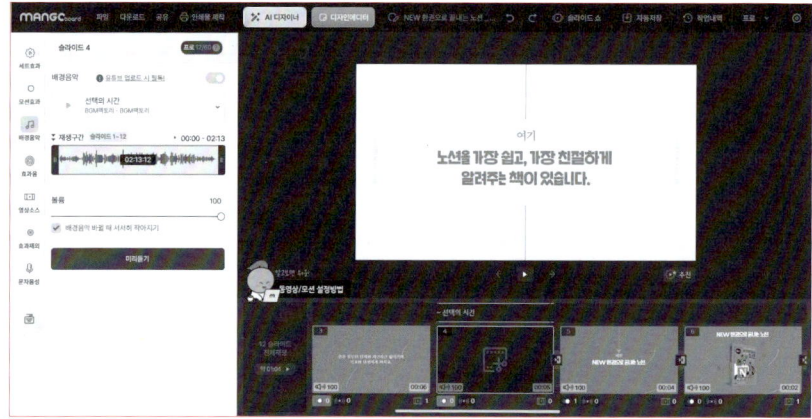

온라인 서점에 제공

완성된 영상은 유튜브에 업로드한 후, 온라인 서점 상품 페이지에 삽입해 독자와의 접점을 확대합니다.

《NEW 한 권으로 끝내는 노션》 영상 보러가기
https://youtu.be/_uC2W6sAE8A

책 마마 엄대표의 Tip. 홍보 영상 제작을 위한 실전 팁

- **처음 3초가 핵심입니다**
  시선을 끄는 이미지나 문구를 앞에 배치해 끝까지 보게 만드세요.

- **결말은 감추고, 궁금증을 남기세요**
  영상은 '책의 예고편'입니다. 전부를 보여주기보다 궁금증을 남겨야 독자가 책을 찾습니다.

- **메시지는 짧고 선명하게**
  핵심만 간결하게 전달하세요. 설명보다 분위기와 감정에 집중하는 것이 좋습니다.

- **이미지와 카드뉴스를 연계하세요**
  책 표지, 인용 문장, 카드뉴스를 함께 활용하면 콘텐츠 시너지가 높아집니다.

- **완벽보다 분위기가 중요합니다**
  북 트레일러는 완성도보다도 '책의 느낌'을 잘 담는 것이 더 중요합니다. 너무 어렵게 생각하지 마세요.

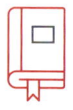

입소문부터 바이럴까지!
홍보 마케팅 전략

<책마마 엄대표의 출판 일기>

《모모와 다른 왕자》 작가님이 요즘 강의가 부쩍 많아졌다고 한다.
한 번 다녀온 곳에서 또 연락이 온다니, 강의가 꽤 좋았던 모양이다.
책을 쓰고, 그 책으로 강의하고,
강의하면서 다시 책을 쓰고.

지식 콘텐츠로 수익을 내려면 이만한 흐름이 없다.
작가가 잘나가면 출판사에도 그만큼 좋은 일이다.
홍보가 따로 필요 없다.
우리 작가님들, 모두 그렇게 잘되었으면.

출간 이후의 가장 중요한 과제는 '어떻게 독자에게 책을 알릴 것인가?'입니다. 서평 이벤트, SNS 콘텐츠, 북토크 등 다양한 방식의 홍보 활동을 전개하며, 초판 판매 반응에 따라 2쇄 인쇄 여부나 마케팅 전략을 조정하기도 합니다.

출판계에는 "책은 작가가 팔아야 한다"라는 말이 있습니다. 이 말에 대해 작가님들 중에는 부담스럽다고 느끼는 분도 계십니다. "글을 쓰는 것도 힘든데, 판매까지 책임져야 하나요?" 하는 목소리도 들립니다. 물론 작가가 외판원처럼 직접 책을 팔아야 한다는 뜻은 아닙니다. 작가가 자신의 책을 알리는 가장 좋은 방법은 '자신이 이 책의 저자라는 사실을 드러내고, 활발히 활동하는 것'입니다.

그런 활동을 통해 작가는 자연스럽게 자신의 전문성과 콘텐츠를 외부에 알릴 수 있게 되고, 이는 강연이나 강의, 미디어 출연 등 새로운 기회로 확장되기도 합니다. 실제로 애드앤미디어의 《협상이 이렇게 유용할 줄이야》, 《에잇 블록 협상 모델》 작가님은 책 출간 후 KBS 라디오 고정 패널로 1년간 출연하게 되었고, 이를 통해 인지도와 신뢰도 모두 크게 상승했습니다. 책을 알리는 활동이 단순히 판매 수치에만 그치지 않고, 작가의 브랜드를 확장하는 과정임을 보여주는 사례입니다.

여기서는 신간 홍보와 마케팅의 주요 방식들, 그리고 작가와 출판사가 함께 시너지를 낼 수 있는 협업 전략에 대해 실무 중심으로 소개합니다.

《협상이 이렇게 유용할 줄이야》
예스24 바로 가기
https://www.yes24.com/product/goods/90224621

출판이 방송으로 연결되는 순간

서평단 이벤트

출간 후 가장 고민되는 질문 중 하나는 '어떻게 하면 책을 더 많은 사람에게 알릴까?'입니다. 이때 서평단 모집은 가장 실효성 있는 전략 중 하나입니다.

서평단은 책을 읽고 리뷰를 남겨줄 독자를 모집하는 방식으로, 일반적으로는 책을 무료로 제공하고 일정 기간 내에 서점, SNS, 블로그 등에 후기를 작성해달라고 요청합니다.

1. 서평단의 효과

1) 신간 홍보와 입소문 확산
다양한 독자들의 솔직한 후기가 자연스럽게 홍보로 이어집니다.

2) 온라인 서점 평점과 리뷰 확보
교보문고, 예스24, 알라딘 등 주요 서점에 서평이 쌓이면 도서 노출이 훨씬 유리해집니다.

3) 타깃 독자의 반응 확인
서평을 통해 책의 강점이나 아쉬운 점을 객관적으로 살필 수 있어요.

2. 서평단은 어디서, 어떻게 모집하나요?

1) 출판사 공식 채널 활용
출판사 홈페이지, 인스타그램, 블로그 등에서 자체적으로 서평단을 모집합니다. 관심 있는 출판사 계정은 미리 팔로우하고, 알림 설정을 해두면 정보를 빠르게 받을 수 있습니다.

2) 온라인 서점의 서평단 코너 활용
교보문고, 예스24, 알라딘 등에는 '서평단 모집' 전용 메뉴가 있습니다. 특히 신간 홍보를 집중적으로 원하는 경우, 서점 채널을 통한 연계도 효과적입니다.

3) 북카페 및 독서 커뮤니티 활용
네이버 카페 '책과콩나무', '몽실북클럽', '책책책 책을 읽읍시다', '리뷰어스클럽',

'리딩투데이' 같은 독서 커뮤니티에서는 출판사와의 협업으로 정기적인 서평단 이벤트를 진행합니다. 카페 공지나 서평단 모집 게시판을 자주 확인하고, 지원 댓글을 정성스럽게 남기면 당첨 확률도 올라갑니다. 관심 분야에 따라 맞춤형 이벤트를 찾아 참여할 수 있어요.

3. 서평단 모집 구성 예시

1) 모집 인원: 10명~100명(출판사 규모와 전략에 따라 유동적)
2) 지원 방식: 간단한 자기소개 + 서평 경험
3) 활동 기간: 책 수령 후 2~4주 이내 리뷰 작성
4) 활동 장소: 교보문고, 예스24, 알라딘 등 서점 + 블로그/SNS
5) 리워드: 도서 무료 제공, 우수 서평자에게는 소정의 선물

책 마마 엄대표의 Tip. 독립출판이라면, 더 추천드려요!

1인 출판사나 독립출판물은 적은 비용으로 진심 어린 반응을 얻는 데 서평단이 정말 큰 도움이 됩니다. 단, 무작정 모집하기보다는 책의 콘셉트를 분명히 제시하고, 어떤 독자에게 맞는 책인지 알려주셔야 서평 퀄리티도 높아져요.

출판사 자체 서평 이벤트

서평 카페를 통한 서평단 모집

보도자료

신간을 알릴 때, 가장 먼저 준비해야 할 것이 바로 보도자료입니다. 출판사나 저자가 책 출간 사실과 핵심 내용을 공식적으로 정리해 언론·서점·독자에게 전달하는 안내문이죠. 저도 처음에는 중요성을 의심했지만, 작성해보면 그 효과를 체감하게 됩니다.

이 보도자료 한 장이 기사화로 이어지고, 온라인 서점 노출을 높이며, 독자의 클릭을 유도하는 매우 강력한 무기이기 때문입니다.

1. 보도자료의 핵심 목적

1) 신간 출간 사실 및 정보 전달
책 제목, 저자, 출간일, 출판사, ISBN 등 기본 정보를 정확히 알립니다.

2) 언론과 소비자 대상 첫 소개
기자, 서점 MD, 블로거에게 책을 공식적으로 소개하는 첫 문서로 활용됩니다.

3) 기사화·홍보 유도
콘텐츠를 기사 형식으로 구성해 언론 보도 및 노출 가능성을 높입니다.

4) 독자 대상 설득 요소 제공
"왜 이 책을 읽어야 하는가?"에 대한 명확한 이유와 매력을 효과적으로 전달합니다.

2. 보도자료, 이렇게 쓰면 효과적입니다

1) 정보 80% + 홍보 20%
광고 문구보다는 '기자가 기사로 쓸 수 있는 정보'를 중심으로 구성하는 것이 좋습니다.

2) 시의성과 트렌드 반영

계절, 사회 이슈, 독자 관심사 등 현재의 흐름과 연결된 주제일수록 주목도가 높아집니다.

3) 스토리텔링 활용

단순히 책 소개를 나열하기보다는, 저자의 배경이나 집필 동기 등 스토리를 곁들이면 더 효과적입니다.

4) 객관적이고 명확한 문장

짧고 정확한 문장을 사용하고, 오탈자나 표기 오류는 반드시 점검하세요.

5) 기사화 가능성 고려

기자가 바로 인용하거나 기사로 옮겨 쓸 수 있도록 문단 구성과 인용문 표현에 신경 써주세요.

언론에 홍보된 애드앤미디어의 책
출처 : 익스퍼트 인사이트(좌), 디지털 인사이트(우)

3. 보도자료, 이렇게 활용하세요

보도자료는 단순히 책을 소개하는 문서를 넘어, 출간 소식을 세상에 알리는 핵심 홍보 수단입니다. 잘 작성된 보도자료는 기사화 가능성을 높이고, 온라인 노출과 독자 반응을 끌어내는 데 효과적인 역할을 합니다. 보도자료를 효과적으로 활용하는 방법은 크게 다음과 같은 경로로 나뉩니다.

1) 보도자료 배포 전문 서비스 이용

가장 간편한 방법은 보도자료 배포 플랫폼을 이용하는 것입니다.

- 뉴스와이어, 뉴스럴: 국내 최대 배포망 보유, 언론·포털·검색엔진·투자자 등 다양한 타깃에 신속 배포. 언론 보도 모니터링과 결과 리포트 제공.
- 여산통신, 북피알: 출판·문화 분야 특화, 매체 리스트 제공 및 개별 메일링·일괄 배포 가능.
- 제보왕: 단건 배포 가능, 합리적 비용으로 주요 포털·언론사 전달 및 기사화 여부 확인 가능.

2) 직접 배포: 맞춤형 리스트 활용

직접 배포 방식도 여전히 유효합니다. 책의 주제나 독자층에 맞는 매체와 기자를 선별해, 보도자료와 함께 책을 이메일로 보내는 방식입니다. 이때 여산통신이나 북피알에서 제공하는 매체 리스트를 참고하면 효율적인 대상 선정을 할 수 있습니다.

3) 기타 채널 활용

출판사 자체 네트워크, 온라인 서점(예: 예스24, 교보문고) 홍보팀, 문화·도서 전문 온라인 매체 등에도 보도자료를 직접 발송할 수 있습니다. SNS나 뉴스레터 연동도 고려해볼 만한 보조 전략입니다.

체크해야 할 내용	확인
제목이 명확하고 주목도를 끌 수 있는가?	☐
출간일, ISBN, 정가, 판형 등 필수 정보가 정확한가?	☐
문법 오류, 오탈자 없이 최종 교정이 완료되었는가?	☐
표지 이미지, 내지 샘플, 요약본 등이 필요한가? 준비되었는가?	☐
기자, 서점 담당자 문의에 빠르게 대응 가능한 연락처가 포함되었는가?	☐

보도자료 작성 체크 리스트

출판사 주최 이벤트

신간 출간 후, 출판사가 해야 할 가장 중요한 과제 중 하나는 독자와의 만남입니다. 단순한 사은품 증정 이벤트가 아니라, 요즘처럼 참여형 기획이 대세입니다.

1. 출판사 이벤트란?

출판사 이벤트는 신간 알림, 브랜드 이미지 형성, 독자와의 교감을 위해 출판사가 기획하는 다양한 활동을 말합니다. 출간 기념 이벤트부터 온라인 북클럽, SNS 챌린지까지, 요즘에는 디지털 기반 참여 이벤트가 확연히 늘고 있어요.

1) 대표적인 이벤트 유형

- 출간 기념 북토크·사인회: 저자와 독자가 함께 이야기를 나누는 자리
- 온라인 북클럽: 함께 책을 읽고, 주제별로 의견을 나누는 소규모 모임
- SNS 챌린지: 주제에 맞는 사진이나 영상으로 참여를 유도하는 캠페인
- 참여형 이벤트(댓글, 퀴즈 등): 독자가 직접 콘텐츠를 만들고 소통할 수 있는 방식

애드앤미디어에서는 희망 도서 신청 이벤트, 서포터즈 모집, 사다리 타기 추첨, SNS 인증샷 이벤트처럼 작고 유연한 이벤트를 수시로 운영하고 있습니다. SNS

를 통해 독자와 가볍게, 자주 소통할 수 있는 방식이에요.

이벤트 참여 방식도 어렵지 않게 설계하면, 참여율은 높고 비용은 적게 들면서도 브랜드 인지도와 독자 반응은 크게 얻을 수 있습니다. 독자 입장에서도 부담 없이 즐길 수 있어서, 출판사와 책에 대한 친근감과 신뢰가 자연스럽게 쌓입니다. 이런 작은 이벤트의 반복이 결국 독자와의 관계를 오래 이어주는 힘이 되어줍니다.

출간 기념 북토크

도서관 희망도서 신청 이벤트

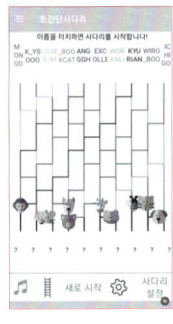
사다리 게임 이벤트

인증샷 이벤트

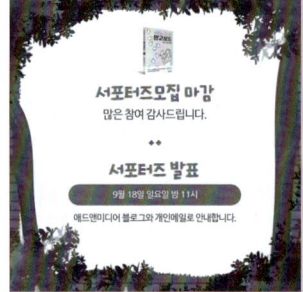
서포터즈 모집 이벤트

구분	내용
디지털 중심	블로그, 인스타그램, 유튜브, 이메일 뉴스레터까지! 온라인 채널을 기반으로 운영됩니다.
참여·체험 중심	단순 응모가 아닌, 독자가 직접 책을 읽고 남기는 인증 리뷰, 사다리 게임, OX 퀴즈 등 체험형 이벤트가 인기를 끌고 있어요.

구분	내용
독자 맞춤형 기획	MZ세대, 직장인, 육아맘 등 타깃 독자의 취향과 상황에 맞춘 테마형 이벤트도 눈에 띕니다.

요즘 출판 이벤트의 흐름

 책마마 엄대표의 Tip. 이벤트 기획 시 고려할 점

- **참여는 쉽고 직관적으로**
  복잡한 응모 방식은 참여율을 떨어뜨립니다. 누구나 쉽게 이해하고 참여할 수 있도록 구성하세요.

- **독자에게 실질적인 혜택을 주세요**
  한정 굿즈, 친필 사인본, 전자책 쿠폰 등 독자가 '받고 싶다' 느낄 만한 선물을 준비하세요.

- **마무리도 콘텐츠입니다**
  당첨자 발표 후 "잘 마무리되었다"는 안내와 함께, 후기나 인증샷을 공유하면 신뢰도와 브랜드 호감도가 높아집니다.

- **후기는 2차 콘텐츠로 활용하세요**
  독자 댓글이나 후기를 모아 카드뉴스나 영상, 블로그 콘텐츠로 재가공해보세요. 새로운 독자에게도 자연스럽게 책을 알릴 수 있습니다.

인플루언서와 협업

디지털 세대에서는 출판사와 인플루언서의 협업이 책 마케팅의 핵심 전략이 되고 있습니다. 적절한 인플루언서를 만난다면, 단순한 제품 홍보를 넘어 독자와의 감성적 연결까지 가능해집니다.

1. 협업의 효과

1) 신뢰 기반의 추천
단순 팔로워 수보다, 인플루언서와 독자 간의 공감과 연결성이 훨씬 중요합니다. 신뢰받는 인플루언서를 통한 추천은 전환율이 높습니다.

2) 판매량·브랜드·인지도 동시 상승
북튜버나 북스타그램 인플루언서의 영향력이 크기 때문에, 협업은 출시 초기 마케팅의 필수 전략으로 자리 잡았습니다.

2. 협업을 위한 실전 팁

1) 타깃 독자층과 일치하는 인플루언서 선정
예를 들어, 자기 계발서를 홍보할 때는 해당 분야에 관심 있는 팔로워를 가진 인플루언서를 선택하세요.

2) 콘텐츠 형식 협의
영상 리뷰, 책 언박싱, Q&A 세션, 라이브 토크 등 다양한 방식으로 콘텐츠를 기획할 수 있습니다.

3) 성과 지표 설정
조회 수, 좋아요, 댓글, 리뷰 전환율, 직접 구매 링크 클릭 수 등 협업 효과를 수치로 객관화하세요.

4) 예산 및 계약 조건 명확화
단순 협찬이나 지급 조건, 콘텐츠 업로드 일정 등을 사전 계약서로 정리한 후 진행하세요.

5) 후속 관리
콘텐츠 업로드 후에는 댓글과 DM에 적극 대응하고, 협업 이후에도 꾸준한 관계를 유지하면 추후 이벤트나 시리즈 작업에 도움이 됩니다.

단계	주요 내용
인플루언서 선정	책의 장르와 타깃 독자층에 맞는 인플루언서를 찾습니다. 팔로워 수보다 콘텐츠 성향과 독자와의 연결성을 우선 고려하세요.
초기 컨텍	DM이나 이메일로 협업 제안, 책 소개, 간단한 브리핑을 전달합니다. 관심 있는 인플루언서는 긍정적으로 답변할 가능성이 높습니다.
브리핑 및 계약	캠페인의 목적, 콘텐츠 형식, 일정, 보상 조건(협찬 도서, 원고료 등)을 정리해 전달한 후, 상호 동의하에 계약을 체결합니다.
콘텐츠 기획·제작	인플루언서의 스타일을 존중하면서 북토크, 언박싱, 리뷰 등 책과 어울리는 포맷을 함께 기획합니다. 과도한 간섭은 오히려 역효과를 낼 수 있습니다.
게시·모니터링	콘텐츠가 업로드된 후 도달 수, 좋아요, 댓글 등의 반응을 파악하고, 필요시 피드백을 제공합니다.
결과 분석 및 피드백	협업이 마무리되면 도달률, 참여율, 판매 전환율 등을 분석합니다. 인플루언서와 리뷰를 공유하며 추후 협업 여부를 판단하세요.

협업 프로세스와 실무 단계

3. 성공적 협업을 위한 팁

1) 타깃 독자층 일치를 우선하세요
팔로워 수보다 책과 맞닿는 진정한 독자층이 중요합니다.

2) 진정성 있는 콘텐츠를 지원하세요
광고보다는 책에 대한 진심 어린 감상을 담은 콘텐츠가 공감을 끌어냅니다.

3) 장기적 관계 구축이 중요합니다
단발성이 아닌 정기적인 협업이나 이벤트 관련 교류가 장기 효과를 가져옵니다.

4) 보상과 기준은 명확하게 해주세요
협찬 도서, 원고료, 콘텐츠 일정 등은 계약서에 투명하게 명시하고, 관련 법규(예: GDPR 등)도 준수하세요.

이 과정을 통해 단순 홍보를 넘어 브랜드 신뢰도와 독자와의 공감대를 확장하는 기회로 삼아 보세요.

4. 소규모 출판사를 위한 인플루언서 전략

1) 마이크로·나노 인플루언서 집중
팔로워 수는 적어도 독자와의 관계가 깊은 분들을 대상으로 협업하세요. 책 제공 또는 소정의 원고료(10~30만 원)로 충분한 효과를 기대할 수 있습니다. 진정성 있는 콘텐츠는 구매 전환율도 높습니다.

2) 책 증정 + UGC(User Generated Content) 활용
협찬만으로도 북스타그램, 북튜브 등에서 콘텐츠가 만들어질 수 있습니다. 서평단 이벤트와 연계하면 자발적인 후기와 리포스팅 수가 늘어납니다. 비용은 줄이고, 콘텐츠는 풍성해집니다.

3) 직접 발굴하고 플랫폼 활용
인스타그램 해시태그(#북스타그램, #bookreview, #책스타그램)로 적극 탐색하세요. 리뷰어 플랫폼(예: 그읃, 플라이북, 북클럽 〈조이〉)과 북카페 리뷰어와 직접 소통해보세요. 에이전시를 통하지 않으면 15~30%의 수수료를 절약할 수 있습니다.

4) 장기적 관계 구축
단발성 제공에 그치지 말고, 정기적으로 신간 보내기, 북토크·북클럽 등 이벤트를 통해 관계를 유지하세요. 브랜드 신뢰도 향상과 더 나은 콘텐츠 품질로 이어집니다.

5) 구체적인 목표 설정 및 결과 측정
판매 수, 웹사이트 유입, SNS 팔로워 증감 등 목표를 명확히 정하세요. 도달률, 좋아요 수, 저장 수, 서점 유입 링크 클릭률 등을 정기적으로 체크하세요.

6) 인플루언서의 창의성 존중

단순한 홍보 문구보다는 메시지에 어울리는 콘텐츠 형식을 제안하세요. 챌린지, 리뷰, 브이로그 등 다양한 형식의 자유로운 표현을 허용하면 반응이 더 좋습니다.

유형	인스타그램	유튜브	틱톡
나노(1,000~1만 팔로워)	1~13만 원	약 2.6만 원	6,500원~3.2만 원
마이크로(1~5만)	13~65만 원	약 26만 원	3.2~13만 원
미드티어(5~10만)	65~500만 원	50~500만 원	13~120만 원
매크로(10~50만)	500~1,000만 원	100~500만 원	120~250만 원
메가(50만 이상)	1,000만 원 이상	500만~1억 원 이상	250~2,500만 원+

인플루언서 유형별 평균 비용(포스팅 1회 기준)

구분	체크 포인트	확인
타깃 일치성	내 책의 독자층과 인플루언서의 팔로워 성향이 맞는가? (장르, 연령, 관심사 등)	☐
참여율	좋아요, 댓글 수 등 반응이 꾸준한가?(팔로워 대비 활발한 활동 여부)	☐
콘텐츠 스타일	북 리뷰가 진정성 있게 잘 전달되는가? 나의 책과 어울리는 톤인가?	☐
최근 활동	최근 1~2개월 내 북 콘텐츠를 올린 기록이 있는가? 활동이 지속적인가?	☐
콘텐츠 다양성	리뷰, 언박싱, 북토크, 리그램 등 다양한 방식으로 소개하는가?	☐
북 리뷰 비중	계정 전체에서 책 콘텐츠 비중이 높은가?(vs 일상, 광고 위주)	☐
독자 반응	팔로워들이 책에 관심 있는 댓글을 달고 있는가? 실질적 소통이 이루어지는가?	☐
투명성	광고 여부를 명확히 표시하고 있는가?(공정위 기준 준수 여부 확인)	☐
협업 조건	협찬, 원고료 등 현실적인 조건으로 협업 가능한가? (나의 예산 범위 내인지)	☐
관계 유지 가능성	단발성보다 장기적으로 소통 가능한 태도를 보이는가?	☐

북 인플루언서 체크 리스트

책마마 엄대표의 Tip. 인플루언서와의 협업 노하우

- **처음에는 나노·마이크로 인플루언서부터 시작하세요**
  팔로워 수는 적어도 독자와의 신뢰가 높고, 반응률이 좋은 경우가 많습니다.

- **리스트업 후 직접 비교하며 컨택 대상을 선별하세요**
  체크리스트를 만들어 콘텐츠 성향과 타깃 독자가 맞는 인플루언서를 골라보세요.

- **진심이 담긴 협업이 오래갑니다**
  큰 영향력보다 중요한 것은 성실하고 꾸준한 소통입니다. 작은 협업이 오히려 더 큰 결과를 만들 수 있습니다.

자체 채널 유튜브 전략

자금과 인력이 제한된 1인 출판사라도, 유튜브 채널을 잘 활용하면 책과 브랜드를 효과적으로 알릴 수 있습니다. 여기서는 1인 출판사가 저비용으로 독자와 소통하며 지속 가능한 마케팅을 운영할 수 있는 유튜브 전략을 소개합니다.

1. 신간 소개 영상 제작 및 활용

온라인 서점 상세 페이지에 책 소개 영상을 삽입하려면, 자체 유튜브 채널에 영상을 업로드한 후 해당 링크를 서점에 제공하면 됩니다. 영상은 북 트레일러 형식으로 짧고 명확하게 구성하는 것이 좋습니다. 북 트레일러 영상은 망고보드 템플릿을 이용해서 쉽게 만들 수 있습니다.

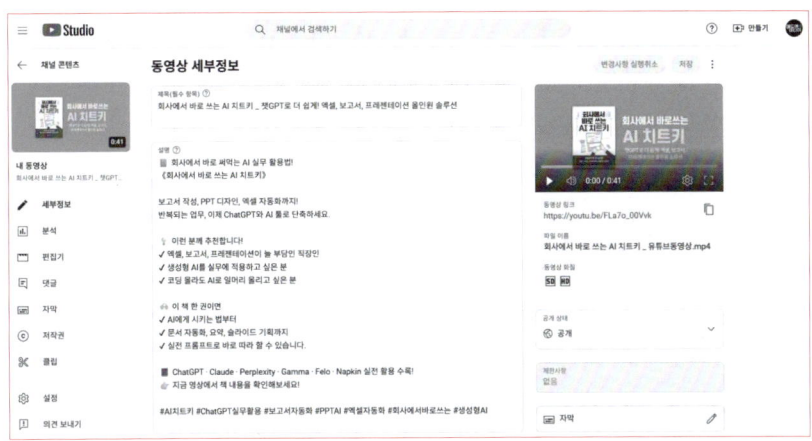

망고보드에서 만든 책 홍보 영상

예스24 책소개에 올린 영상
https://www.yes24.com/product/goods/147078614

CHAPTER 4. 좋은 책도 알려야 팔린다

2. 출판사 브랜딩 중심 운영

출판사 대표, 편집자, 저자가 직접 등단해 자신만의 이야기를 전달하면 독자와 신뢰감 있는 소통이 가능합니다.

출판 과정, 비하인드, 일상 등을 영상으로 자연스럽게 공개하면 독자와의 거리가 좁아집니다. 소속 작가들의 협업으로 다양한 콘텐츠를 만들어 더 큰 시너지를 낼 수 있습니다.

애드앤미디어 소속 작가 두 분의 콜라보 영상

3. 다양한 포맷

1) 브이로그: 출판사의 하루, 책 제작 현장 등을 자연스럽게 소개

2) 저자 인터뷰: 집필 동기, 핵심 메시지, 독자에게 전하고 싶은 말

3) 숏폼(1~2분): 책의 핵심 구절, 추천 포인트, 인상적인 문장을 임팩트 있게 전달

4) 라이브 방송: 실시간 질의응답이나 북토크를 통해 독자와 직접 소통

오명호 작가 인터뷰 영상

서승완 작가 인터뷰 영상

4. 추천 영상 콘텐츠 아이디어

1) 저자 인터뷰: 집필 배경, 메시지, 책 차별점 중심

2) 북 트레일러: 이미지·삽화·문구를 활용한 압축 소개(30초~1분)

3) Q&A 영상: 독자 질문을 사전 받아 답하는 콘텐츠

4) 챕터 요약 토크: 주요 챕터 하나를 골라 핵심 메시지를 소개

5) 낭독 영상: 발표회처럼 저자가 일부 낭독하며 분위기를 전합니다.

일상에서의 협상을 주제로 만든 영상 시리즈

5. 출판사 채널 운영 실전 팁

1) 가벼운 장비와 편집 방식: 스마트폰이나 웹캠으로도 충분하며, 완성도보다 지속성이 중요합니다.

2) 네트워크 기반 홍보: 영상을 업로드할 때마다 SNS, 블로그, 커뮤니티 채널을 활용해 적극 홍보하세요.

3) 구독자 소통 강화: 영상 내 댓글 유도, 피드백 반영으로 채널과 시청자 간 관계를 강화하세요. 구독자 100~200명 구간이 고비이므로, 꾸준한 업로드와 소통이 필수입니다.

4) 데이터 분석 기반 콘텐츠 개선: 유튜브 스튜디오의 조회수, 시청 지속 시간 등의 데이터를 분석해 인기 콘텐츠를 파악하고 개선하세요.

6. 성공 사례

1) 민음사TV: 직원 중심의 콘텐츠, 월드컵 시리즈, 브이로그 등으로 약 33만 명의 구독자 확보, 브랜드 이미지 혁신(https://www.youtube.com/@minumsaTV)

2) TV창비: 저자 인터뷰, 그림책 읽기 등으로 책 자체보다 저자와의 연결감, 브랜드 신뢰도 강화(https://www.youtube.com/@changbi_youtube)

외부 유튜브 채널 활용

유튜브 출연을 어렵게 생각할 필요는 없습니다. 저자가 직접 모습을 드러내는 것만으로도 독자에게 신뢰와 친밀감을 줄 수 있습니다.

특히 구독자 기반이 탄탄한 외부 채널에 게스트로 출연하는 방식은 매우 효과적입니다. 책의 매력을 객관적이고 자연스럽게 소개할 수 있어, 더 많은 독자에게 노출되는 데 큰 도움이 됩니다.

온토리TV에 출연하신 이창현 작가

성장읽기에 출연하신 유현정 작가

1. 외부 채널 출연의 장점

1) 신뢰와 친근감 형성

저자가 직접 출연해 책과 자신의 이야기를 전달하면, 시청자와 신뢰가 빠르게 쌓이고 친근감도 형성됩니다.

2) 객관적이고 자연스러운 노출

외부 채널 진행자가 책을 소개함으로써 광고 느낌 없이 객관적으로 책의 매력을 전달할 수 있습니다.

3) 구독자 기반 활용

이미 독자층이 확보된 채널을 통해 잠재 독자에게 책을 더 많이 알릴 수 있습니다. 북튜버 외에도 자기 계발, 생산성, 저널링, 브이로그 등 다양한 분야의 채널과의 협업이 효과적입니다.

2. 협업 유튜버 선정 및 준비 방법

1) 타깃 독자와 일치하는 채널 찾기

구독자 수보다는 책의 주제와 타깃 독자층에 부합하는 채널을 선택하세요.
(예: 자기 계발서는 생산성 유튜버, 감성 에세이는 브이로그 채널 등)

2) 시각적 자료 준비

유튜브는 시각 중심 매체이므로, 표지·내지 등 영상에서 돋보일 수 있는 자료를 준비하세요. 실물 책은 반드시 제공하는 것이 좋습니다.

3) 간단한 소개 자료 전달

유튜버가 책의 핵심 메시지, 대상 독자, 차별화 포인트를 빠르게 파악할 수 있도록 1~2장 분량의 요약 자료(PDF 등)를 함께 보냅니다.

3. 출연 제안 실무 요령

외부 유튜브 채널에 출연하기 위해서는 예의 있고 명확한 소통이 중요합니다. 제안 단계부터 출연 후까지 원활하게 협업이 이루어질 수 있도록 다음과 같은 포인트를 참고하세요.

1) 개인화된 메시지로 제안하기

- 출연을 제안할 때는 유튜버의 채널 성격과 콘텐츠 스타일에 맞춘 맞춤형 메시지를 작성하세요.
- 책과 채널의 연결 포인트를 간단명료하게 설명하고, 협업 제안을 정중하게 전

달합니다.

[예시 문구]
"○○ 채널의 ○○ 콘텐츠를 흥미롭게 보고 있습니다. 이번에 출간한 ○○ 책은 채널의 ○○ 주제와도 잘 어울릴 것 같아 협업을 제안드리게 되었습니다."

2) 실물 책과 콘텐츠 포맷 제안

- 책 실물을 함께 보내, 유튜버가 직접 책을 소개하거나 언박싱에 활용할 수 있도록 준비하세요.
- 출연이나 소개 시 활용할 수 있는 콘텐츠 포맷도 함께 제안합니다.
  (예: 북리뷰, 언박싱, 저자 인터뷰, 실시간 Q&A 등)
- 구체적인 제안은 유튜버의 콘텐츠 기획에도 도움이 됩니다.

3) 출연 제안을 받았을 경우의 대응

유튜버 측에서 출연 제안을 먼저 하는 경우도 있습니다. 이럴 때는 저자와 충분히 논의해 출연 여부를 결정하고, 부담 없이 참여할 수 있도록 조율하세요. 콘텐츠 콘셉트, 진행 방식, 질문 사전 공유 등을 통해 저자가 안정감 있게 촬영에 임할 수 있도록 합니다.

체크 항목	내용
책 메시지 정리	이 책으로 무엇을 말하고 싶은가요?
채널 콘셉트 파악	내가 나가려는 채널과 잘 어울리나요?
저작권 확인	책의 삽화, 구절, 음악 등은 출처를 밝히거나 허락을 받아야 해요.
외모·배경 정리	첫인상이 중요해요. 너무 꾸밀 필요는 없지만, 깔끔하게 준비해봐요.

촬영 전 꼭 준비해야 할 것들

4) 외부 출연 후에는?

- 댓글, 조회수, 반응 확인: 어떤 부분에서 반응이 좋았는지 파악하면 다음 콘텐츠 기획에 큰 도움이 됩니다.
- 영상 제목·썸네일·해시태그 점검: 검색과 노출을 고려해 전략적으로 설정하

세요.

- 지속적인 관계 유지: 반응이 좋았다면, 한 번으로 끝내지 말고 추가 콘텐츠를 제안해보세요. 유튜버들은 새로운 아이디어에 항상 열려 있습니다.

온라인 광고 집행 가이드

<책마마 엄대표의 출판 일기>

광고라고 하면 엄청 어렵게만 느껴졌는데,
인스타그램과 페이스북을 함께 할 수 있는
'메타 광고'가 생기면서 훨씬 수월해졌다.

소액으로,
원하는 독자에게,
맞춤형 광고를 할 수 있으니 얼마나 좋은가.

그런데… 이슬비에 옷 젖듯,
메타에 나가는 돈이 살살 늘고 있다.

온라인 광고를 시작하려고 보면 용어도 생소하고 시스템도 복잡해 보이죠? 저도 처음에는 '광고 관리자' 화면만 봐도 눈앞이 아찔했답니다. 하지만 원리를 하나씩 이해하다 보면, 광고는 생각보다 단순한 구조 속에서 정교하게 작동하는 시스템이라는 것을 알 수 있어요. 여기서는 메타(페이스북·인스타그램) 광고와 구글 광고의 기본 구조와 활용 방법에 관해 소개하겠습니다.

메타 광고란?

메타 광고는 페이스북, 인스타그램 등 메타 플랫폼에서 집행하는 디지털 광고를 말합니다. 광고주는 '광고 관리자'를 통해 목표 설정 → 타깃팅 → 예산 설정 → 광고 집행을 스스로 진행할 수 있어요.

1. 메타 광고의 가장 큰 장점은?

1) 메타 광고는 연령, 성별, 위치, 관심사, 행동, 생활 방식 등 매우 세부적인 타깃팅 옵션을 제공해, 광고주가 원하는 정확한 고객층에게만 광고를 노출할 수 있습니다.
2) 실시간 데이터를 기반으로 도달, 클릭, 전환 등 광고 성과를 즉각적으로 분석하고, 머신러닝을 통해 광고 효율을 자동으로 최적화할 수 있습니다.
3) 이 두 가지 기능 덕분에 예산 낭비를 줄이고, 목적에 맞는 광고 성과를 빠르게 확인하며 전략을 개선할 수 있습니다.

2. 메타 광고의 핵심 구조

메타 광고(페이스북/인스타그램 광고)는 광고 운영의 효율성과 정밀 타깃팅, 실시간 분석을 가능하게 하는 구조적 시스템을 가지고 있습니다.

구분	설명
캠페인 목표	브랜드 인지도, 웹사이트 방문, 참여, 앱 설치, 판매 등 중 택일
타깃 설정	연령, 성별, 위치, 관심사, 행동 등 정밀 타깃팅 가능
광고 형식	이미지, 영상, 슬라이드, 스토리 등 다양한 크리에이티브 활용
실시간 분석	클릭률, 전환율, 광고비(CPC, CPM, CPA) 등 수치 분석 가능
리타깃팅	구매 직전 이탈자, 사이트 방문자에게 다시 광고 노출 가능

메타 광고의 구조적 시스템

3. 메타 광고와 인스타그램 광고의 차이

메타 광고는 인스타그램 광고와 메타 광고로 나누어집니다. 모두 메타 플랫폼(Meta Platforms, 구 페이스북) 생태계에서 집행할 수 있는 광고지만, 집행 방식과 기능, 활용 범위에서 차이가 있습니다. 간편함이 필요하고 소규모 예산, 빠른 집행이 목적이면 인스타그램 앱 내 '홍보하기' 기능이 적합합니다. 정교한 타깃팅, 다양한 목표, 고급 마케팅 전략, 여러 플랫폼 동시 집행이 필요하다면, 메타 광고 관리자를 활용해야 합니다. 이 책에서는 처음 광고 집행을 하시는 분들도 쉽게 할 수 있는 인스타그램 광고에 관해 소개하겠습니다.

구분	메타 광고(광고 관리자)	인스타그램 광고(홍보하기)
광고 집행	광고 관리자(PC)에서 세밀하게	인스타 앱 내에서 간편하게
광고 목표	여섯 가지 이상(인지도, 판매, 앱 등)	세 가지(프로필, 웹, 메시지)
타깃팅	정밀(관심사, 행동, 픽셀 등)	기본(연령, 성별 등)
픽셀/리타깃팅	가능	불가
광고 소재	최대 50개, 피드 미게시 소재 활용	피드 게시물 1개만
성과 분석	고급(전환, ROI, A/B테스트 등)	기본(도달, 클릭)
플랫폼	인스타그램, 페이스북, 메신저 등	인스타그램 단일

메타 광고와 인스타그램 광고의 차이점

4. 인스타그램 광고 집행하기

1) 비즈니스(프로페셔널) 계정 전환

인스타그램 프로필에서 '설정' → '계정' → '프로페셔널 계정으로 전환'을 선택해 비즈니스 계정으로 변경합니다.

2) 광고할 게시물 업로드

광고로 활용할 이미지나 영상을 일반 게시물 또는 스토리로 먼저 업로드합니다.

3) [홍보하기] 버튼 클릭

광고하고 싶은 게시물 하단의 [홍보하기] 버튼을 클릭합니다. 스토리 광고의 경우, 스토리 게시 후 [스토리 홍보하기]를 선택할 수 있습니다.

4) 광고 목표(랜딩 페이지) 설정

광고 클릭 시 이동할 위치를 선택합니다. 내 프로필, 웹사이트, DM(다이렉트 메시지) 등 중에서 선택이 가능합니다. 광고 목적(프로필 방문, 웹사이트 방문, 메시지 등)을 선택합니다.

5) 타깃 정의

광고를 보여줄 타깃의 성별, 연령, 지역, 관심사 등을 직접 설정합니다. 타깃이 명확하지 않다면 '자동' 옵션을 선택해 인스타그램이 추천하는 타깃에 노출할 수 있습니다.

6) 예산 및 기간 설정

하루 예산 또는 전체 예산, 광고 집행 기간(일수)을 설정합니다. 예산과 기간에 따라 예상 도달 인원이 자동으로 제시됩니다.

7) 광고 미리보기 및 결제 정보 입력

광고가 실제로 어떻게 보일지 미리 확인합니다. 최초 집행 시 결제 정보(카드 등)와 세금 정보를 입력합니다.

8) 광고 집행 및 심사

모든 설정을 확인한 후 '홍보하기' 버튼을 누르면 광고가 제출됩니다. 인스타그램의 심사를 거쳐 광고가 승인되면 집행이 시작됩니다.

책마마 엄대표의 Tip. 온라인 광고 노하우

- 타깃을 구체적으로 설정할수록 광고 효율이 높아집니다.
- 광고 예산은 작게 시작해보고, 성과를 본 뒤 점진적으로 늘리는 것이 안전합니다.
- 광고 성과(도달, 클릭 등)는 인스타그램 앱 내에서 바로 확인할 수 있습니다.

구글 광고란?

구글 광고(Google Ads)는 구글 검색, 유튜브, 제휴 사이트 등 다양한 채널에 텍스트·이미지·영상 형태의 광고를 집행할 수 있는 온라인 광고 플랫폼이에요.

- 검색 광고: 독자가 '노션 책 추천', '시간 관리 도서' 등 키워드로 검색할 때 상단에 뜨는 텍스트 광고
- 디스플레이 광고(GDN): 뉴스, 블로그 등 제휴 사이트에 배너 형식으로 뜨는 이미지 광고
- 유튜브 광고: 동영상 광고로 북 트레일러 활용도 가능
- 퍼포먼스 맥스: 구글이 보유한 전 채널에 자동으로 노출되는 통합 광고

구분	설명
도달 범위	전 세계 인터넷 사용자의 90%에게 광고 가능
정확한 타깃팅	키워드, 지역, 시간대, 관심사 기반 맞춤 노출
성과 기반 과금	클릭할 때만 비용 발생(CPC), 효율적인 운영
즉각적인 성과	검색 의도를 가진 고객에게 바로 노출, 전환율↑
AI 자동화	머신러닝으로 예산 배분, 소재 조합 자동 최적화

구글 광고의 강점

1. 운영할 때 꼭 알아야 할 점

1) 키워드 선정이 전부다
광고의 성패는 키워드에 달려 있어요. 타깃 독자가 실제로 검색할 말을 찾아야 합니다(예: '디지털 노트 추천', '퇴사 후 창업 책').

2) 광고 품질 점수 관리
광고 문구, 키워드, 랜딩 페이지가 잘 맞아떨어져야 더 적은 비용으로 높은 위치에 뜰 수 있어요.

3) 광고-랜딩페이지 연결성
클릭해서 들어간 페이지가 느리거나, 내용이 산만하면 구매로 이어지지 않아요.

구글 광고 집행, 이렇게 해보세요

1. 계정 생성부터 시작
Google Ads에 구글 계정으로 로그인 → 비즈니스 정보 입력 → 계정 생성

2. 캠페인 목표와 광고 유형 선택
1) 검색 광고: '시간 관리 책', '노션 도서' 등 키워드로 검색하는 독자 타깃
2) 디스플레이 광고: 배너 이미지 중심, 인지도 확산용
3) 유튜브 광고: 북트레일러, 작가 인터뷰 등 활용
4) 퍼포먼스 맥스: 검색+유튜브+Gmail 등 자동 노출, 전환 중심
5) 디맨드젠: 브랜드 인지도 및 SNS형 콘텐츠 활용 캠페인

　　(※ 처음에는 '검색 광고'나 '퍼포먼스 맥스'부터 시작해보세요. 가장 효율적이에요.)

3. 타깃 설정과 예산 배분
1) 키워드 선정: 키워드 플래너 활용 → '노션 메모', '디지털 생산성' 등 관심 키워

드 중심
2) 지역/시간대/기기별 타깃팅 가능
3) 예산: 일일 1~3만 원 규모로 시작해도 충분

4. 광고 소재 만들기
1) 제목: 강력한 CTA 포함("이제 당신 차례입니다"), 1~2문장으로 명확하게 메시지 전달
2) 랜딩페이지: 광고와 연결되는 페이지 내용은 직관적이고 CTA(구매, 구독 등)가 뚜렷해야 해요.

5. 광고 집행과 성과 모니터링
1) 전환 추적 설정 필수: 구글 애널리틱스 연동
2) 성과 확인: 클릭률(CTR), 전환율(CVR), 클릭당 비용(CPC) 등 주간 단위 확인

6. 최적화는 반복입니다
1) A/B 테스트: 제목, 키워드, 이미지 바꿔가며 실험
2) 네거티브 키워드 등록: 불필요한 검색어 차단('무료 PDF' 등)
3) 광고 확장 기능: 전화, 위치, 서브링크 등 넣어서 클릭률 향상

구글 광고와 메타 광고, 뭐가 다를까요?

구분	구글 광고	메타 광고
노출 시점	검색했을 때(즉각적인 수요 대응)	관심사 기반 노출(인지도, 탐색 유도)
강점	구매 전환율 높음	브랜드 인지도·참여 유도에 강점
콘텐츠	텍스트 중심 → 정보 전달 명확	이미지·영상 중심 → 감성 전달 효과

구글 광고 vs 메타 광고 비교

작은 출판사도
브랜드가 될 수 있다

<책마마 엄대표의 출판 일기>

최근 만나 계약한 작가님이 내게 이런 이야기를 전해주셨다.
나를 만나러 간다니 작가님의 지인이 말했다고 한다.

"그 출판사 책 꽤 좋은데, 어떻게 연결됐어? 대단하다!"

아…
내가 한 땀 한 땀 만들어온 출판사를
그렇게 봐주는 분이 있다니.

이런 말은 그냥 흘려보낼 수 없다.
잊지 않도록, 이렇게 적어두자.

홈페이지가 꼭 있어야 할까요? 막상 만들자니 번거롭고, 없자니 뭔가 허전하죠. 사실 정답은 없습니다. 출판사 운영 방식에 따라, '있으면 좋은데 없어도 괜찮은' 도구이기 때문입니다.

그럼에도 불구하고, 저는 출판사의 방향성과 규모에 맞게 홈페이지를 적절히 활용할 수 있다면 분명 큰 도움이 된다고 생각합니다. 독자와 작가, 거래처에 신뢰를 줄 수 있고, 출판사의 정체성과 브랜드 이미지를 명확하게 전달할 수 있는 창구가 되어주기 때문입니다.

홈페이지가 필요한 이유

1. 신뢰와 브랜드 구축

홈페이지는 출판사의 '공식 얼굴'이에요. 제휴처, 저자, 독자, 누구든 방문했을 때 '이 출판사가 뭘 하는지', '어떤 책을 내왔는지' 확인할 수 있는 창구가 됩니다.

2. 도서 정보 아카이빙 및 홍보

출판된 도서와 출판 예정 도서, 주요 자료를 체계적으로 정리해두면, 언제든 링크 하나로 출판사와 책을 소개할 수 있습니다. 이는 저자 섭외, 해외 판권 수출, 기관 협업 등에서 큰 신뢰를 줍니다.

3. 온라인 홍보와 마케팅의 거점

SNS, 블로그, 유튜브 등 다양한 채널과 연계해 독자와의 접점을 넓히고, 이벤트, 신간 소식, 미디어 보도 등을 효과적으로 알릴 수 있습니다.

4. 직접 관리와 확장 가능성

필요할 때 직접 도서 정보를 업데이트하고, 필요시 온라인 판매, 독자 소통, 뉴스레터 발송 등 기능을 추가할 수 있습니다.

5. 비용 부담 없이 간단하게 시작 가능

요즘은 홈페이지를 쉽게 만들 수 있는 도구가 많습니다. 아임웹이나 노션을 이용하면 별도 개발 없이도 제작이 가능하고, 출판유통통합전산망에서는 미니 홈페이지를 무료 또는 저렴하게 제공하기도 해요. 소규모 출판사도 쉽게 시작할 수 있습니다.

6. 꼭 필요하지 않을 수 있는 경우

SNS와 블로그만으로도 독자와 충분히 소통하고, 도서 홍보가 가능하다면 홈페이지가 필수는 아닙니다. 홈페이지를 만들었지만 관리가 되지 않으면 오히려 신뢰도에 악영향을 줄 수 있습니다.

애드앤미디어 홈페이지(https://addand.kr)

1인 출판사 SNS 활용법

1인 출판사는 제한된 자원과 인력으로도 SNS를 적극적으로 활용하면 효과적으로 책을 알리고 독자와의 관계를 강화할 수 있습니다. 실질적인 전략을 정리해봤어요.

1. 퍼스널 브랜딩과 채널 일관성

SNS는 출판사의 얼굴이자 내 이야기를 전하는 창구입니다.

1) 자기소개와 전문성 강조
책을 만들게 된 이유, 관심 분야, 출판 방향성을 스토리처럼 담아내면 독자와의 연결고리가 생깁니다.

2) 채널별 프로필 통일
인스타그램, 블로그, 유튜브 등 주요 채널의 프로필 사진, 소개 문구를 통일해 브랜드 이미지를 만들어보세요.

2. 꾸준한 콘텐츠 제작과 소통
콘텐츠는 자주, 다양하게, 정해진 루틴이 도움이 됩니다.

1) 주 2~3회 포스팅
표지, 목차, 집필 후기, 저자 인터뷰, 책 속 문장, 제작 일지 등 어떤 소재든 활용 가능합니다.

2) 티저 콘텐츠
책의 일부를 살짝 공개하는 티저는 기대감을 만들고, 출간 전부터 독자의 관심을 모을 수 있어요.

3) 후기 공유
독자가 남긴 서평, 사진, 응원 댓글은 콘텐츠이자 신뢰입니다. 적극적으로 공유해보세요.

3. 독자 커뮤니티와 피드백
혼자가 아닌 '같이'의 감각을 SNS로 만들어보세요.

1) 소통형 콘텐츠
댓글, DM, 설문, Q&A, 라이브 방송 등으로 독자와 관계를 쌓아보세요.

2) 서평단과 이벤트

소규모라도 정기적인 증정 이벤트나 서평단 운영은 유입과 참여를 유도할 수 있습니다.

4. 인플루언서와 협업

마케팅 예산이 부족하다면, 네트워크가 마케팅이 됩니다.

1) 관련 분야 인플루언서에게 도서 제공

서평을 요청해 신뢰도와 노출을 동시에 확보할 수 있어요.

2) 검색성과 발견성 강화

해시태그, 핵심 키워드, '책 속 문장' 같은 메타 콘텐츠는 검색에 강합니다.

5. SNS별 특화 전략

채널마다 독자가 다르고, 맞춤 전략이 필요해요.

1) 인스타그램: 표지, 책 문구, 영상, 독자 후기 중심의 감성 콘텐츠
2) 블로그: 출간 후기, 목차 공개, 서평 등 장문 중심 콘텐츠
3) 유튜브: 저자 인터뷰, 집필 브이로그, 북토크
4) 카카오채널/페이스북: 타깃 독자층 소통용으로 활용

6. 장기적 독자 DB 구축

짧은 반응보다 긴 관계를 위해 필요합니다. 이메일 구독, 독자 모임 연계 등으로 충성 독자를 확보하면 꾸준한 판매 기반이 생깁니다.

7. 진정성 있는 브랜딩

무엇보다 중요한 것은 진심입니다. 1인 출판사는 콘텐츠가 곧 나 자신이기 때문에, 사람 냄새 나는 소통이 무엇보다 중요해요. 감사를 표현하고, 피드백에 응답

하고, 때로는 실패나 고민도 공유해보세요.

애드앤미디어 인스타그램(https://www.instagram.com/addand_m)

애드앤미디어 블로그(https://blog.naver.com/addandm)

애드앤미디어 유튜브(https://www.youtube.com/@addandmedia_tv)

CHAPTER 5

숫자로
말하는
출판업

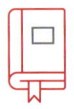

책이 독자에게 가는 길, 물류센터와 동고동락

<책마마 엄대표의 출판 일기>

우리 물류센터 직원들은 참 신기하다.
전화를 걸면, 목소리가 하나같이 곱고 친절하다.
배송을 확인할 때도, 무언가를 부탁할 때도
늘 밝고 부드럽게, 기분 좋은 응대를 해준다.
역시 잘하는 회사는 사람부터 다르다.

책 물류센터는 출판사, 인쇄소, 온라인 서점 등과 유기적으로 연결되어 책의 보관부터 포장, 배송까지 전담하는 전문 물류 허브입니다. 재고 관리, 주문 처리, 포장, 배송, 반품 대응까지 출판 유통의 전 과정을 체계적으로 지원하며, 독자에게 책이 정확하고 안전하게 도착하도록 돕는 출판 유통의 핵심 거점입니다. 출판사는 물류센터와 매일 SCM(공급망관리 시스템)을 통해 긴밀하게 소통합니다. 주문량이 많은 시기에는 실시간 확인과 빠른 대응이 특히 중요합니다.

실무를 하다 보면 실수가 발생하는 경우도 있습니다. 입력 정보를 잘못 기재해 오배송이 일어난 적도 있었고, 반대로 물류센터 측의 실수로 잘못 출고된 경우도 있었습니다. 이처럼 사람이 하는 일이기에 실수는 발생할 수 있지만, 중요한 것은 문제를 빠르게 인지하고 정확하게 수정하는 대응력입니다.

작은 실수일수록 초기에 바로잡기 쉽습니다. 반면 늦게 발견되면 더 큰 문제로 이어질 수 있기에, 물류센터와의 협업에서는 정확한 정보 입력, 신속한 커뮤니케이션, 반복 점검이 무엇보다 중요합니다. 여기서는 출판사와 물류센터 간의 협력 관계를 중심으로, 효율적인 물류 운영과 실무에서 유의해야 할 포인트를 함께 살펴봅니다.

주문 발주

출판사의 아침은 서점의 주문 알림으로 시작됩니다. 하루가 밝기도 전에 교보문고, 예스24, 알라딘 등 온라인 서점에서 책의 발주 메일이 도착하죠. 잠든 사이에도 책이 팔렸다는 사실은 무척이나 기분 좋은 순간입니다. 하지만 주문이 저조한 날에는 '요즘 왜 안 팔릴까?', '홍보 방향을 다시 점검해야 하나?' 같은 생각이 스쳐 지나가며, 자연스럽게 전략을 다시 꺼내보게 됩니다.

온라인 서점과 정식 계약을 맺으면, 각 서점의 SCM(공급망관리) 시스템에 접속할 수 있는 계정이 부여됩니다. 예를 들어, 교보문고는 '협력사네트워크', 예스24는 '예스24 SCM', 알라딘은 전용 시스템을 통해 주문 내역을 확인할 수 있습니다.

매일 아침, 이곳에 접속해 그날의 도서 발주 내역을 확인하는 일로, 출판사의 하루가 시작됩니다.

1. 각 서점의 SCM

1) 교보문고 협력사네트워크

2) 예스24 SCM

 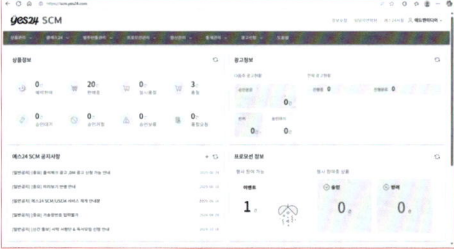

3) 알라딘 SCM

발주 및 출고 프로세스

서점에서 주문이 들어오면, 출판사는 그 주문을 확인하고, 물류센터에 출고를 요청합니다. 이후 물류센터에서 책을 포장해 서점으로 보내고, 서점에 도착한 책은 진열되거나 바로 판매로 이어집니다.

출판사가 매일 아침 확인하는 이 발주-출고 과정은 책의 흐름을 눈으로 확인하는 가장 현실적인 작업입니다. 아래는 그 과정을 단계별로 정리한 표입니다.

단계	내용	담당
1단계	독자가 각 서점을 통해 책 주문	독자
2단계	서점(교보, 예스24, 알라딘 등)에서 하루 단위로 필요한 수량을 이메일 또는 자체 시스템(SCM 등)으로 출판사에 발주	온라인 서점/서점/총판
3단계	출판사는 각 서점의 발주서를 확인해 서점별 수량을 정확히 취합	출판사
4단계	서점별로 정리한 수량을 기준으로 물류센터(SCM)에 출고 요청	출판사
5단계	물류센터는 서점별로 책을 분류해 출고함. – 물류 간 계약된 서점(예: 교보문고)은 황금날개·드림날개 서비스로 당일 배송 가능 → 오전 11시까지 출고 요청 필요 – 기타 서점·개인·기업 주문은 일반 택배로 배송되며 2~3일 소요, 오후 3시 전까지 입력 마감	물류센터
6단계	도서가 서점에 도착하면, 해당 책은 서점 내 배송 또는 판매 상태로 전환	온라인 서점/서점/총판

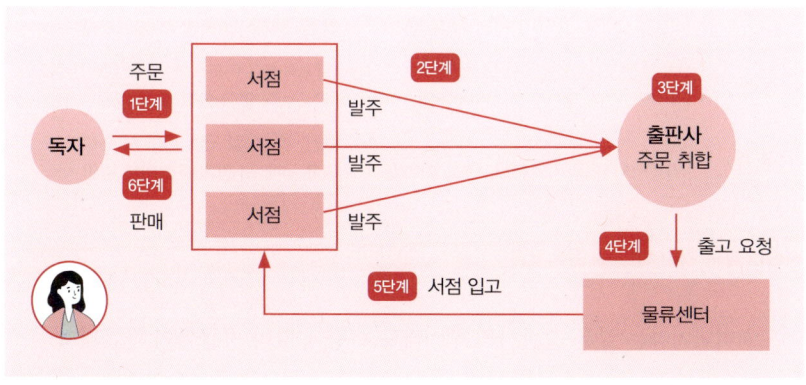

출판사 발주 프로세스

서점별 발주 확인 & 출고 요령

서점 발주는 출판사의 매출과 직결되는 핵심 업무입니다. 하지만 처음 경험해보면 예상보다 복잡하고 까다롭게 느껴질 수 있습니다. 저 역시 출판사를 처음 운영할 당시, 이 업무에서 가장 많은 시행착오를 겪었고, 매일 아침 도착하는 발주 알림이 반갑기도 하면서 동시에 긴장되는 순간이었습니다.

각 서점은 발주 방식, 계약 조건, 정산 요율 등이 서로 다르기 때문에, 이를 정확히 이해하지 않은 채 출고를 진행하면 금액 오류나 수량 착오로 인한 반품 등의 문제가 발생하기 쉽습니다.

특히 교보문고처럼 물류 창고가 오프라인 점포용(부곡리)과 온라인 전용 창고(북시티)로 나뉘는 경우, 같은 책이라도 발송 위치에 따라 출고 방식이 달라지므로 더욱 꼼꼼한 확인이 필요합니다.

서점명	발주 시간	확인 방법	출고 시 유의사항
교보문고	오전 8시경	문자 또는 이메일 (발주 알림)	- 물류 창고가 부곡리(점포)와 북시티(인터넷)로 이원화되어 구분 필수 - 창고별로 출고서 작성, 혼동 주의
예스24	오전 9시경	이메일 또는 SCM 접속 확인	- 물류 창고가 파주와 대구로 이원화되어 있어 구분 필수 - SCM에서 최종 수량 확인 후 출고
알라딘	오전 9시경	알라딘 SCM 접속	- 발주 내역 직접 확인 후 출고 진행
북센	1차: 오전 10시경 2차: 오전 11시경	문자, 팩스, SCM 확인	- 1일 2회 발주이므로 하루 2번 확인 필요 - 중복·누락 없이 출고 요청 필요
그 외 서점	일정하지 않음	전화, 팩스, 이메일	- 출판사와 직접 구매 거래 시 주문 - 대량 구매 시 판매율 협의를 위한 직접 주문 가능

서점별 발주 확인 방법 및 유의사항

애드앤미디어라는 같은 출판사의 책이라도 수량에 따라 공급률이 다릅니다.

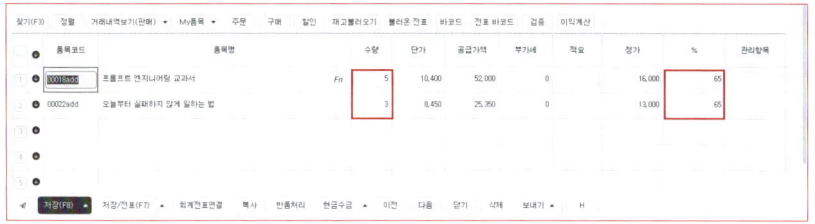

교보문고 공급률의 차이

> **책마마 엄대표의 Tip. 발주 시 주의 사항**

- **교보문고와 예스24는 각각 두 곳의 물류 창고를 운영합니다.**
  교보문고는 부곡리(오프라인 점포용)와 북시티(온라인 서점용)로, 예스24는 파주와 대구 창고로 나뉘어 있어요. 출고 시 공급처를 정확히 지정하지 않으면 납품 오류가 생길 수 있으니 반드시 구분해 지정해야 합니다.

- **책의 공급률은 주문 수량에 따라 달라집니다.**
  예시) 정가 16,000원인 책의 경우
  예스24 대구 창고 3권 주문 시: 16,000 × 65% × 3권 = 31,200원
  교보문고 부곡리 창고 50권 주문 시: 16,000 × 60% × 50권 = 480,000원

- **발주 시에는** 다음 3가지를 반드시 확인하세요!
  ① 공급처, ② 공급률, ③ 수량에 따른 단가

CHAPTER 5. 숫자로 말하는 출판업

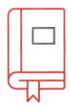

세금계산서가 뭐길래!
계산서 발행의 모든 것

<책마마 엄대표의 출판 일기>

어떤 출판사 대표는 작은 서점과는 거래하지 않는다고 한다.
계산서 발행하는 시간이 아깝다는 이유란다.
하지만 나는 생각이 다르다.
작은 서점이라도, 단 한 권이라도 주문이 들어온다면 언제든지 OK다.
내가 만든 책을 누군가 사고 싶다고 하는 것.
그보다 더 고마운 일이 또 있을까.

출판사를 시작하고 거래가 진행되면서 자주 듣는 말이 있습니다. 바로 "계산서 발행 부탁드립니다"라는 말이죠. 처음에는 그 말이 참 어렵게 들렸습니다. 거래 하나 끝날 때마다 계산서를 하나씩 발행하는 게 생각보다 번거롭고, 매번 뭔가 틀릴까 봐 조심스럽기까지 했거든요.

지금은 거래마다 바로바로 발행하지 않고, 한 달 동안의 거래를 모아서 월말에 정리해 한 번에 계산서를 발행하고 있어요. 초반에는 한 달 치 계산서를 발행하는 데 2~3일이나 걸렸지만, 이제는 2시간이면 모두 처리할 수 있을 정도로 익숙해졌습니다. 이제는 '계산서를 더 자주, 더 많이 발행할 수 있었으면 좋겠다'라는 생각도 해요. 그만큼 거래가 늘어났다는 뜻이니까요.

이 장에서는 창업 초기의 저처럼 계산서 발행이 처음이신 분들을 위해, 자세히 설명해드리겠습니다.

장부 대조

정확한 계산서 발행을 위해서는 매월 1일부터 말일까지의 판매, 반품, 회송 등의 수량을 서점별로 확인하는 과정이 필요합니다. 출판사의 물류센터나 각 온라인 서점의 SCM 계정을 통해 월별 발주 내역, 판매 수량, 반품량 등을 확인하고, 이 데이터를 바탕으로 계산서를 작성하게 됩니다.

'장부 대조'라고 하면 어렵게 느껴질 수 있지만, 실제로는 전달받은 발주 내역과 SCM 판매 내역을 비교하는 단순한 작업입니다. 출판사 내부 장부에서 공급률과 부수만 맞춰보면 금액 확인도 어렵지 않게 할 수 있습니다. 1인 출판사라고 하더라도 이 작업은 매달 정기적으로 관리하는 것이 매우 중요합니다.

- 각 온라인 서점 SCM에서 한 달간의 판매 내역을 확인한 후, 엑셀 파일로 다운로드합니다.
- 물류센터 SCM에서 동일한 기간의 발주 내역과 출고 수량을 확인하고, 역시 엑셀로 저장합니다.
- 서점별로 두 데이터를 비교해 판매 부수, 공급률, 금액 등을 맞춥니다. 이때 서점의 반품 도서, 발주 오류로 잘못 출고된 후 회송된 도서 내역도 포함되는지 반드시 확인해야 합니다.

이렇게 정리한 서점별 발주 및 판매 내역은 추후 배본사 물류비 청구서 검토나 회계 정산 자료로도 활용할 수 있습니다. 매달 반복되는 작업이지만, 습관처럼 관리해두면 세금계산서 발행과 수익 정산이 훨씬 간편해집니다.

월단위로 확인하는 물류센터 SCM과 교보문고 SCM

출판사의 계산서 발행 방법

도서가 판매되고 거래처 판매 내역을 확인하면, 그다음 단계는 '계산서 발행'이에요. 출판업은 부가가치세 면세 업종이라, 일반적인 세금계산서가 아닌 면세 계산서를 발행해야 합니다.

1. 면세 계산서와 세금계산서, 뭐가 다를까요?

1) 세금계산서

일반과세 사업자가 발행하는 서류로, 공급가액과 함께 부가세 10%가 함께 표시돼요.

2) 계산서(면세)

출판처럼 면세 업종이 발행하는 서류예요. 공급가액만 표시되고, 부가세 항목은 없습니다. 즉, 출판사는 세금계산서를 쓰는 게 아니라, '계산서(면세)'를 발급하는 게 원칙이에요.

계산서(면세) 발행 절차

계산서를 발행하려면, 거래처의 사업자등록증이 필요합니다. 거래처명, 사업자등록번호, 상호, 업태, 종목, 이메일 주소, 전화번호(팩스번호)까지 꼼꼼히 확인해두면 나중에 헷갈릴 일이 줄어들어요. 이제 본격적으로 계산서 발행 절차를 하나씩 정리해볼게요.

1. 전자계산서용 금융인증서 준비

전자계산서를 발행하려면 사업자용 금융인증서가 필요합니다. 은행이나 인증기관을 통해 발급받을 수 있고, 연간 약 4,400원의 비용이 들어요. 공동인증서와 금융인증서는 다릅니다. 꼭 확인하고 발급받으세요.

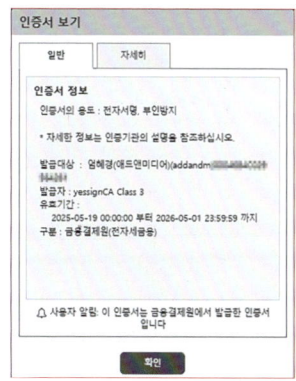

은행 인증서 발급 화면

2. 국세청 홈택스 접속 및 로그인

1) 홈택스 접속: www.hometax.go.kr에서 사업자 회원가입을 합니다

2) 사업자 인증서로 로그인합니다

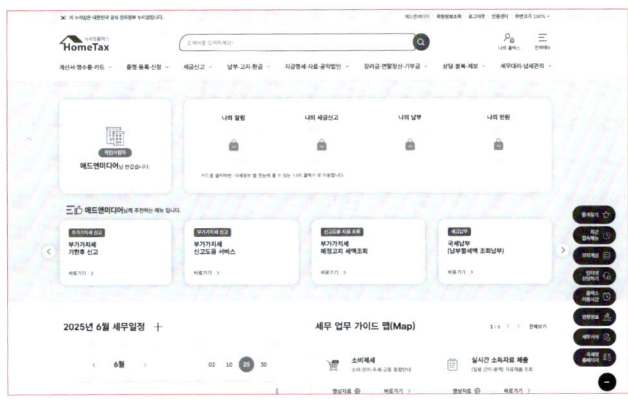

3. 계산서 발행

1) 계산서 메뉴 이동: [계산서·영수증·카드] → [전자(세금)계산서 발급] → [전자(세금)계산서 건별] → [계산서(면세)] 탭 선택

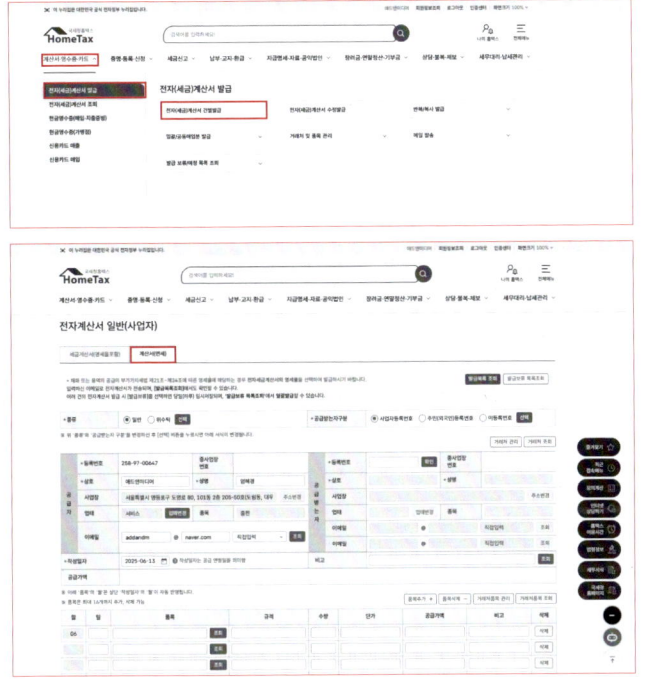

2) 거래처 정보 입력: 거래처(서점, 유통사 등)의 사업자등록번호, 상호, 주소, 이메일 입력

3) 공급내역 입력: 도서명, 공급가액, 작성일자 등을 정확히 입력

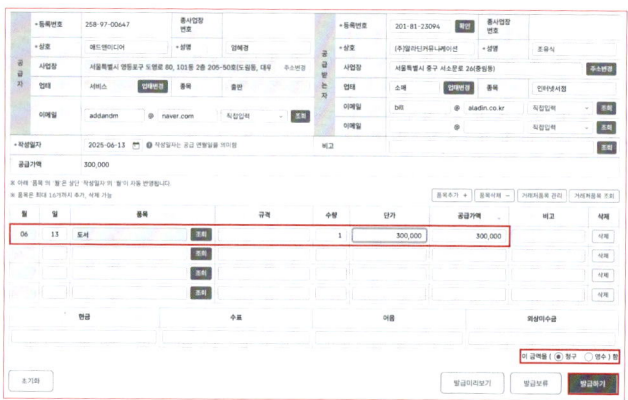

- 작성일자를 입력하고, 품목의 날짜 입력합니다.
- 품목은 세부적으로 적지 않고, '도서'라고 대표 품목을 입력합니다.
- 수량도 세부 권수를 적기도 하지만, 총합계를 한 번에 입력하려면 수량을 1로 적습니다.
- 단가는 총합계를 입력합니다.
- 이미 입금된 거래는 '영수', 입금 전이면 '청구'를 선택합니다.
- 발급 및 전송: 내용 확인 후 [발급하기]를 클릭하면, 자동으로 거래처와 본인 이메일로 발송됩니다.

책마마 엄대표의 Tip. 장부 대조와 계산서, 이것만은 꼭 기억하세요!

- 계산서는 공급일이 속한 달의 '다음 달 10일'까지 발행해야 하며, 기한을 넘기면 가산세 대상이 될 수 있습니다.
- 자주 거래하는 서점 정보는 미리 등록해두면 입력 실수를 줄일 수 있습니다.
- 반복 거래는 '복사' 기능을 활용해 기존 계산서를 수정 발행하면 간편합니다.
- 계산서 발행 시 금액, 날짜, 공급처 정보를 반드시 재확인하세요.
- 서점 요청 시 사업자등록증과 결제 서류를 미리 준비해두면 원활한 거래에 도움이 됩니다.
- 굿즈 판매 시에는 반드시 도서(면세)와 구분해 세금계산서(과세)를 발행해야 합니다.

매달 기다리는 정산일,
서점 정산 시스템 파헤치기

<책마마 엄대표의 출판 일기>

알라딘과 예스24는 정산이 참 칼같다.
나간 책만큼 정확하게, 제때 입금된다.
이렇게 정확하면, 참 고맙다.
반면 교보나 북센은 미정산금이 조금씩 쌓여간다.
서점에 남아 있는 재고 때문이겠지만,
가끔은 문득 걱정이 밀려온다.
괜찮을 거라고 생각하지만,
숫자 앞에서는 마음이 흔들린다.

서점에서 정산이 들어오는 날은 출판사 운영자에게 아주 특별한 날입니다. 우리가 만든 책이 누군가에게 닿았고, 그 선택의 결과가 수익으로 돌아오는 순간이기 때문입니다. 책을 낸 보람이 실감 나는 순간이기도 하죠.

하지만 막상 정산을 받아보면 '어, 왜 이 서점은 정산이 다르지?' 하고 의문이 생기기도 합니다. 사실 서점별 정산 방식은 제각각이고, 대부분은 계약서에 명시된 조건에 따라 정산 주기나 지급 기준이 조금씩 달라집니다. 처음에는 그것을 모르고 당황하던 때도 있었어요.

여기서는 교보문고, 예스24, 알라딘 등 주요 서점의 정산 방식을 비교하고, 각 방식의 차이와 정산 내역을 확인하는 실무 팁까지 함께 정리해보겠습니다. 정산 흐름을 이해하면 이후 재무 정리나 매출 분석도 훨씬 수월해질 거예요.

서점 정산 절차

책이 서점에 입고되고 판매가 일어나면, 출판사의 장부 대조는 보통 매월 말일~익월 초 사이에 이루어집니다. 판매된 책의 내역과 수익을 확인하고, 서점과의 정산을 진행하는 흐름은 다음과 같습니다.

1단계. 판매 및 유통

출판사의 책은 교보문고, 예스24, 알라딘 등 대형 온·오프라인 서점이나, 인디펍 같은 유통 플랫폼에 입고됩니다. 판매가 이루어지면, 해당 내역은 서점의 SCM(물류 및 정산 시스템)이나 협력 시스템에 실시간 또는 일정 주기로 기록됩니다.

2단계. 판매 내역 집계 및 정산 안내

대부분의 서점은 매월 1회, 전월 1일부터 말일까지의 판매 실적을 기준으로 정산 내역을 집계합니다. 이때 정산서에는 다음과 같은 항목이 포함됩니다.

- 판매 수량
- 공급가 및 공급률
- 반품 내역
- 수수료 및 공제 항목 등

출판사는 각 서점의 SCM 계정을 통해 이 내역을 실시간으로 확인하거나, 메일로 정산 안내를 받게 됩니다.

3단계. 세금계산서 발행

출판사는 서점이 안내한 정산 금액에 따라 전자 세금계산서를 발행합니다. 보통 매월 10일까지 발행해야 하며, 기한을 넘기면 그달 정산이 다음 달로 이월되는 경우도 있으니 주의해야 합니다.

4단계. 판매대금 지급

정상적으로 세금계산서를 발행한 경우, 서점은 매월 25일 전후(또는 지정일)에 출판사 계좌로 판매대금을 입금합니다. 지급일이 공휴일인 경우에는 익영업일에 송금됩니다.

5단계. 정산 내역 및 재고 관리

출판사는 서점 SCM을 통해 판매·정산 내역, 재고 현황 등을 언제든지 확인할 수 있습니다. 반품, 미정산 항목, 재고 이동 내역 등도 시스템에서 투명하게 관리되어, 필요한 경우 이 데이터를 기반으로 자체 매출 정리도 가능해집니다.

예스24의 정산 절차

온라인 서점은 보통 매월 1일~말일까지의 판매 내역을 기준으로 익월 초 정산을 진행합니다. 출판사는 각 서점의 SCM 시스템에 접속해 판매 수량, 공급가, 반품 내역 등을 확인하고, 그에 따른 세금계산서를 발행한 뒤 대금을 지급받게 됩니다.

1. 예스24 정산 특징

1) 장부 대조는 보통 매월 말일~익월 1일 오후에 가능하며, SCM 시스템 반영 속도가 매우 빠릅니다.
2) 계산서 마감일은 다른 서점보다 빠른 편으로, 익월 3~5일 전후에 전자계산서를 발행해야 합니다.

3) 지급일은 매월 15일경이며, 주말·공휴일이면 익영업일에 입금됩니다.
4) SCM 공지사항에 정산 공문이 올라오며, 사업자정보·계산서 담당자 이메일 등도 함께 안내됩니다.

 책마마 엄대표의 Tip. 예스24 정산 노하우

예스24 전자책 정산 시에는 B2C와 B2B 계산서를 구분해서 발행해야 합니다. 각각 발행용 이메일 주소가 다르므로 반드시 확인 후 발송하세요.

- 전자책 B2C
  품목명: 전자책 B2C
  발행 이메일: ebookbill@yes24.com

- 전자책 B2B
  품목명: 전자책 B2B
  발행 이메일: b2bbill@yes24.com

알라딘의 정산 절차

알라딘은 출판사 입장에서 정산이 비교적 편리하게 진행되는 서점 중 하나입니다. 매월 1일부터 말일까지의 판매 내역을 기준으로 정산이 이루어지며, 정산 금액은 익월 15일에 출판사 계좌로 입금됩니다. 지급일이 주말이나 공휴일일 경우에는 익영업일에 송금됩니다.

1. 알라딘 정산 특징

1) 판매 내역은 알라딘 SCM(공급사안내) 시스템에 집계되며, '거래 내역' 메뉴에서 확인 가능합니다.

2) 장부 대조 후 금액이 일치하면 전자계산서를 발행하며, 금액 차이가 있으면 재무팀에 문의해 조정합니다.
3) 지급일은 매월 25일경, 공휴일이면 익영업일에 입금됩니다.
4) 계산서 발행 전, 사업자 정보나 계좌 변경이 있을 경우 관련 서류(사업자등록증, 통장사본 등)를 사전 제출해야 합니다.

책마마 엄대표의 Tip. 알라딘 정산 노하우

알라딘은 온라인 서점 SCM 시스템에서 종이책과 전자책을 함께 확인할 수 있습니다. 종이책과 전자책 SCM을 따로 운영하는 서점에 비해 훨씬 빠르게 확인이 가능합니다.

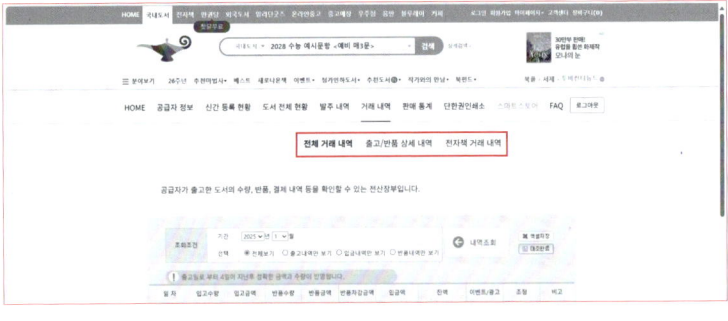

교보문고 정산 절차

교보문고에서 출판사가 도서를 판매할 때의 정산 절차는 다음과 같이 이루어집니다.

1. 판매 내역 확정

매달 초(보통 5일쯤), 지난 한 달(1일~말일)의 판매 내역이 정리됩니다. 출판사는

SCM(협력사 계정)에 접속해 입고, 판매, 반품, 미지급액 등을 실시간으로 확인할 수 있어요.

2. 정산 안내 이메일 수신

교보문고는 매월 초 출판사에 정산 금액, 계산서 발행 마감일, 지급 예정일이 담긴 메일을 보냅니다. 안내 메일에는 계산서 작성에 필요한 정보가 모두 담겨 있어 확인만 잘해도 절반은 끝난 셈이죠.

3. 전자 계산서 발행

출판사는 안내받은 정산 금액에 대해 매월 10일까지 전자 계산서를 발행합니다. 발행일자는 보통 '전월 말일'로 지정하고요. 만약 마감일을 넘기면 해당 금액의 지급은 다음 달로 자동 이월됩니다.

4. 판매대금 입금

계산서가 정상적으로 접수되면, 매월 25일 전후로 출판사 계좌로 판매대금이 입금됩니다. 주말이나 공휴일이면 다음 영업일에 지급돼요.

5. 미지급액 확인

미지급액은 이미 판매되었지만, 아직 입금되지 않은 금액이에요. SCM 화면에서 누적 금액이 표시되기 때문에 향후 입금 예정을 예측하는 데 큰 도움이 됩니다.

구분	교보 정기	교보 일시
의미	매월 반복되는 기본 정산 방식	대량 납품 등 특정 사유로 발생하는 일회성 정산
적용 상황	일반 서점 판매, 위탁도서 중심	대량 구매건
정산 흐름	SCM에 자동 집계 → 정산 안내 메일 수신 → 계산서 발행	
입금 시점	매월 25일 전후	

교보문고 정기 정산과 일시 정산

1) 교보문고 미지급액

출판사를 처음 시작했을 때, 교보문고로부터 받은 정산 금액이 예상보다 적어 당황한 적이 있었습니다. '분명 책이 팔렸는데, 왜 전액이 입금되지 않았지?' 하고 의아했죠. 알고 보니, 바로 '미지급액' 때문이었습니다.

미지급액이란 말 그대로, 아직 출판사 계좌로 입금되지 않은 판매대금을 의미합니다. 책은 판매되었지만, 아직 정산되지 않아 일시적으로 보류된 금액이죠. 이는 단순한 연체가 아니라, 교보문고의 정산 시스템 안에서 이루어지는 정상적인 흐름입니다.

아래 그래프는 2019년부터 2025년까지의 교보문고 지급액과 미지급액을 보여줍니다. 검정색 막대는 실제로 출판사에 지급된 금액이고, 회색 막대는 해당 시점 기준으로 아직 지급되지 않은 미지급액입니다. 그래프를 보시면, 미지급액은 매출 규모에 비례해 일정 수준 유지되고 있음을 확인할 수 있습니다.

이처럼 미지급액은 정산의 일부로 이해하고, 출판사 운영 시 유동성 계획에 참고하셔야 합니다.

공식적인 미지급액 비율(예: 전체 매출 대비 몇 %)은 교보문고 측에서 별도로 공개하고 있지 않아요. 그러나 재무제표상으로 보면, 이 금액은 '유동부채', 즉 단기

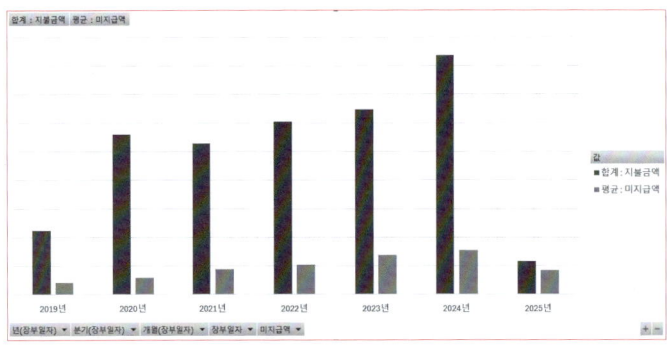

교보문고 지급액과 미지급액(2019~2025년)

부채 항목에 포함됩니다.

업계 분석에 따르면, 2024년 이후 교보문고의 미지급액이 늘면서 전체 부채 비율도 덩달아 높아지고 있다는 말이 나옵니다. 출판사 입장에서는 이 미지급액이 앞으로 들어올 수입이기 때문에, 월별 현금 흐름을 예측할 때 꼭 참고해야 해요.

6. 교보문고 역발행 계산서 방식

교보문고는 출판사로부터 직접 계산서를 발행받는 것이 아니라, 역발행 계산서 방식을 사용합니다. 이 방식에서 교보문고는 매입자인 입장에서 전자(세금)계산서를 먼저 작성해 출판사(공급자)에게 전송하고, 출판사는 이를 확인·승인하는 절차를 거칩니다. 이것은 출판사 입장에서는 꽤 편리한 시스템이기도 합니다.

일반적으로 세금계산서는 공급자(출판사)가 직접 발행하지만, 역발행은 매입자(교보문고)가 계산서를 작성해 공급자에게 보내고, 공급자가 승인(확인)해 발행하는 방식입니다.

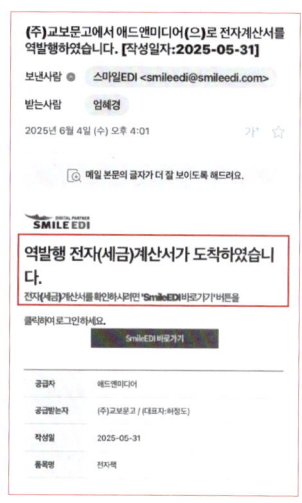

교보문고 역발행 전자계산서 화면

순서	과정	내용
1	작성	교보문고가 'SmileEDI' 시스템을 통해 전자(세금)계산서를 미리 작성해 출판사에게 전송합니다.
2	확인	출판사는 이메일로 알림을 받고, SmileEDI에 로그인해 계산서 내용을 확인합니다.
3	승인	계산서 내용이 맞다면 승인 버튼을 누릅니다. 그러면 국세청에 자동 전송되면서 정식 발행 완료!
4	입금	이후 교보문고가 정해진 날짜에 맞춰 판매대금을 입금합니다.

교보문고 역발행 절차, 이렇게 진행돼요

1) 역발행 계산서의 장점

- 출판사가 직접 계산서를 작성할 필요가 없어서 실무 부담이 줄어듭니다.
- 교보문고가 작성한 내역을 그대로 확인만 하면 되니 실수도 적고, 정산 내역이 더 투명해집니다.
- SmileEDI 시스템 가입이 필요합니다(회원가입 후 사업자용 인증서 등록 필수!).
- 계산서 승인을 늦게 하면, 해당 정산이 다음 달로 이월될 수 있으니 일정은 꼭 지켜주세요.

북센의 정산 절차

대다수의 출판사에서 오프라인 총판은 북센과 거래합니다. 북센은 국내 대표 도서 도매상으로, 출판사와의 거래에서 위탁 판매와 어음 결제를 기본으로 하는 정산 절차를 운영합니다. 북센의 일반적인 정산 과정을 단계별로 말씀드리겠습니다.

1단계. 도서 위탁 및 판매

- 출판사는 북센에 도서를 위탁 형식으로 공급합니다.
- 북센은 위탁받은 책을 전국 서점에 유통·판매합니다.
- 판매되지 않은 책은 출판사로 반품이 가능해요.

즉, 책을 맡기고 → 팔리면 정산되고 → 안 팔리면 다시 돌아오는 구조입니다.

2단계. 판매 집계 및 원장 확인

- 매월 말일, 전월 1일부터 말일까지의 판매 내역이 집계됩니다.
- 출판사는 북센의 웹포털(주문도서관리시스템)에서 실시간으로 원장 거래 내역을 확인할 수 있어요. 이 시스템을 통해 '몇 권 팔렸는지, 반품은 몇 권인지' 쉽게 확인 가능합니다.

3단계. 정산 안내 및 세금계산서 발행

- 북센이 집계된 판매 내역을 출판사에 안내합니다.
- 출판사는 안내받은 금액에 대해 전자세금계산서를 발행합니다.
- 세금계산서가 접수되어야 북센에서 정산(어음 발행)이 진행돼요.
- 계산서를 보내지 않으면 정산도 멈춰요. 마감일 체크는 필수!

4단계. 어음 발행 및 지급

- 북센은 계산서 접수 후, 2~4개월 만기 전자어음을 발행합니다.
- 출판사는 어음 만기일에 은행에서 현금화할 수 있어요.
- 일부 소액 정산분은 현금 지급도 합니다.

즉, 지금 팔린 책에 대한 정산은 몇 달 뒤에 받는다고 보면 됩니다.

5단계. 어음 할인 제도

만기까지 기다리기 어려운 경우, 한국출판문화진흥재단 등에서 어음을 할인(수수료 차감)해 조기에 현금화할 수 있어요. 최근에는 어음 만기를 3개월에서 2개월로 줄이거나, 소형 출판사에 한해 현금 정산 한도를 확대하는 등 정산 제도도 조금씩 나아지고 있어요.

북센을 비롯한 도서 물류센터를 이용할 경우, 재고와 위탁 판매로 나간 책이 실제로 판매되어야만 출판사에 정산이 이루어지기 때문에, 미지급액이 누적되는 것은 업계의 구조적 특성입니다. 이 문제는 중소 출판사일수록 자금 흐름에 부담을 주는 주요 원인 중 하나입니다.

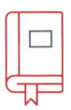

작가님께 드리는
인세 정산 완벽 가이드

<책마마 엄대표의 출판 일기>

> 인세 정산하는 날이면, 카톡방에 불이 난다.
> 한동안 연락이 뜸했던 작가님들과 안부 인사도 나누고,
> 감사 인사도 받고, 오랜만에 웃음꽃이 피어나는 날이다.
> 우리 작가님들, 인세로 부자 되게 해드려야 할 텐데…
> 그게 말처럼 쉽지는 않지만, 늘 그 마음으로 책을 만든다.

1, 4, 7, 10월의 15일쯤 되면, 우리 출판사의 단톡방은 감사 인사로 활기가 넘칩니다. 인세 정산의 날이기 때문이죠. 출판사를 지탱해주시는 작가님들께 인세를 전달하는 날이라, 더더욱 신중해야 합니다. 종이책과 전자책 정산 내역을 꼼꼼하게 정리해 파일로 전달드리고, 고마운 마음을 담아 인사도 함께 전합니다. 여기서는 이 인세 정산 과정을 하나하나 짚어 보려 합니다.

인세 정산은 단순한 숫자 계산을 넘어서, 출판사와 저자 사이의 신뢰를 쌓아가는 핵심 업무입니다. 정해진 날짜에, 정확한 내용으로, 약속한 금액을 지급하는 것만으로도 저자에게 큰 신뢰와 만족을 줄 수 있어요. 출판 계약서에 명시된 인세율

을 실제 판매량에 적용해 정산하고, 선인세가 지급된 경우에는 그 금액을 공제한 후 지급합니다. 처음에는 어렵게 느껴질 수 있지만, 흐름만 익히면 큰 틀은 반복적이에요. 하나씩 차근히 정리해볼게요.

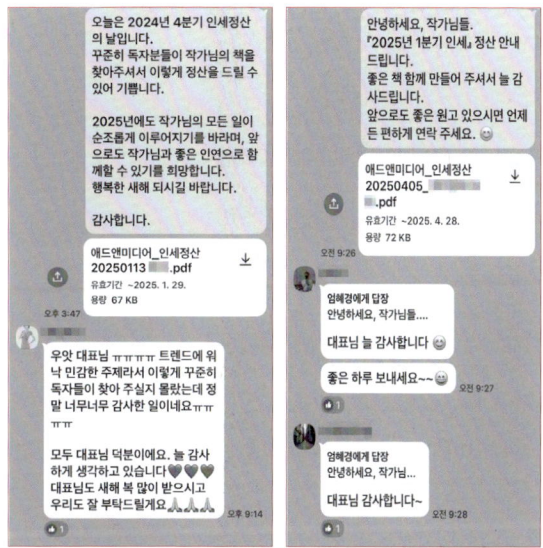

작가님들과의 인세 정산 대화

인세와 선인세

출판 계약에서 중요한 부분 중 하나는 바로 '인세'입니다. 인세는 책이 판매될 때마다 저자가 받는 저작권료로, 일반적으로 책 정가의 7~10% 범위에서 책정됩니다. 책이 많이 팔릴수록 저자의 수익도 커지게 되는 구조죠.

[예시]
정가 15,000원, 인세율 10%, 1,000부 판매
※ 인세 = 15,000 × 0.1 × 1,000 = 1,500,000원

선인세는 저자가 책이 실제로 판매되기 전에 출판사로부터 미리 지급받는 인세의 일부 또는 전부입니다. 계약 체결 시 일시불로 지급되며, 이후 책이 팔려 발생한 인세에서 선지급된 금액을 차감한 뒤 추가 인세가 지급됩니다. 선인세는 저자에게는 최소한의 보장, 출판사에는 저자 확보 및 계약의 신뢰성 확보 수단입니다.

[예시]

정가 15,000원, 인세율 10%, 1,000부 판매, 선인세 300,000원

※ 인세 = (15,000 × 0.1 × 1,000) − 300,000 = 1,200,000원

선인세 지급 방식

선인세는 정산을 기준으로 미리 지급되는 저작권료로, 출판사와 저자 간의 계약 신뢰를 보여주는 대표적인 사례입니다. 다음의 요소들을 종합적으로 고려해 결정합니다.

- 지급 시점: 계약 체결 시 또는 초판 인쇄 직후
- 산정 기준: 보통 초판 인쇄 부수 × 정가 × 인세율
- 정산 방식: 실제 판매 인세가 선인세를 초과하는 시점부터 추가 인세 지급
- 기타 고려 사항: 홍보용, 기증용, 리뷰어 제공 등 인세 면제 부수는 계약서에 명시

유명 작가일수록 선인세 규모는 수천만 원에서 수억 원까지 커지기도 하며, 신인 작가의 경우 선인세 없이 계약하거나 상징적인 소액으로 책정되는 경우도 많습니다. 현실적인 판매 전망과 출판사의 역량, 작가의 기대치를 바탕으로 선인세는 신중히 협의하고 계약서에 명확히 명시하는 것이 중요합니다.

원천징수

인세를 지급할 때는 세금도 함께 고려해야 합니다. 사업소득, 기타소득 두 가지가 있는데, 저자의 인세는 대부분 사업소득을 적용합니다.

구분	세율	설명
사업소득	3.30%	지속적·전문적인 저술 활동
기타소득	8.80%	단발성·일시적 저술 활동

저작활동 세율 구분표

[예시]

인세 1,000,000원 지급 시

※ 사업소득일 경우 33,000원 원천징수, 967,000원 지급

※ 기타소득일 경우 88,000원 원천징수, 912,000원 지급

출판사는 이 원천징수 금액을 홈택스(국세청)와 위택스(지자체)에 납부해야 합니다.

인세 정산 시 부수 계산과 정산 주기

인세는 대부분 출고 부수 기준으로 산정합니다. 출판사는 정산서를 작성할 때 다음 항목을 포함해야 합니다.

- 전체 출고 부수: 유통사나 총판에 출고된 총수량
- 반품 수량: 실제 반품된 도서 수량(보통 1~2개월 단위 반영)
- 실판매 부수: 출고 부수에서 반품 수량을 제외한 수량
- 정산 금액: 실판매 부수 × 정가 × 인세율로 산정
- 원천징수 내역: 사업소득 3.3%, 기타소득 8.8% 등

출판사는 이 정산을 계약서에 명시된 주기에 따라 진행합니다. 보통 반기(6개월) 또는 분기(3개월) 단위가 일반적이며, 6월 15일, 12월 15일 등으로 지급일을 정해 두고 운영합니다. 정해진 시기에 정확하게 지급하는 것만으로도 출판사의 신뢰도가 크게 높아집니다.

하지만 인세 정산에서 가장 민감한 요소는 바로 '반품'입니다. 판매되지 않은 책은 서점에서 수개월 내에 반품되기도 하지만, 경우에 따라 1~3년이 지난 후에도 반품이 들어오는 경우가 있습니다. 특히 오프라인 서점에 납품된 도서 중 오래된 재고는 반품 후 대부분 폐기 처리되는 경우가 많아, 그 손실을 출판사가 고스란히 떠안게 됩니다.

이러한 위험을 고려해, 일부 출판사는 인세 정산 시기를 1쇄 판매 완료 후 또는 정산 기준 판매량을 넘긴 시점 이후로 조정하기도 합니다. 이는 반품 리스크를 줄이고, 정산을 좀 더 신중하게 하기 위한 전략입니다.

책마마 엄대표의 Tip. 인세 정산 노하우

- 반품 도서는 인세 대상에서 제외되며, 이미 지급된 인세가 있을 경우 차감 처리됩니다.
- 전자책은 플랫폼별 매출 기준이 상이하므로, 별도로 관리하는 것이 좋습니다.
- 홍보, 기증, 서평용 도서 등 인세 면제 부수는 계약서에 반드시 명시하고, 실제 출고 수량과 별도로 관리해야 정산에 혼선이 없습니다.

인세 계산

다음은 선인세와 인세 정산 과정을 실제 숫자로 정리한 예시입니다.

작가에게 계약금(선인세) 300,000원을 지급하고, 정가 15,000원의 책을 인세율 10%에 계약해서 1,000부를 판매했을 경우의 계산식입니다.

항목	내용
정가	15,000원
인세율	10%
판매 부수	1,000부
총인세	15,000 × 0.1 × 1,000 = 1,500,000원
선인세	300,000원
추가 지급 인세	1,500,000 − 300,000 = 1,200,000원
원천징수(3.3%)	1,200,000 × 0.033 = 39,600원
최종 지급액	1,200,000 − 39,600 = 1,160,400원

애드앤미디어는 276페이지의 표와 같이 인세를 계산해 저자에게 분기별로 정산하고 지급합니다. 이렇게 투명하고 정기적인 인세 관리는 출판사의 신뢰도를 높이는 가장 기본이자 중요한 절차입니다.

저도 처음에는 실수한 적이 있습니다. 첫 정산 때 원천징수를 하지 않았다는 것을 뒤늦게 알게 되었어요. 결국 작가님들 한 분 한 분께 전화를 드려 사정을 설명 드리고, 다음 정산에서 원천징수 금액을 조정해 다시 처리해야 했습니다. 진땀을 뺐던 기억이 아직도 생생해요.

누구나 처음에는 서툴 수 있습니다. 중요한 것은 실수를 인정하고, 다시는 같은 실수를 반복하지 않도록 시스템을 갖추는 것입니다. 이 책을 읽고 계신 여러분은 저처럼 시행착오를 줄이고, 처음부터 신뢰받는 출판사가 되시기를 바랍니다.

	202○년 ○분기 인세정산
작가명	엄혜경
출간서	도서 1 / 도서 2
입금은행	○○은행 ○○○-○○-○○○○-○○○

년	분기	저서	정가	판매부수	인세율	선인세	종이책인세	전자책판매분	전자책인세율	전자책인세	총합계	소득세	지방소득세	지급액	비고
202○	1분기	도서1	18,000	100	10%	-	180,000	200,000	10%	20,000	200,000	6,000	600	193,400	
202○	2분기	도서2	18,000	100	10%	-	180,000	300,000	10%	30,000	210,000	6,300	630	203,070	
합계				200		-	360,000	500,000	0	50,000	410,000	12,300	1,230	396,470	

애드앤미디어 인세 정산 내역서

SCAN ME

다음의 링크를 통해 인세정산서 샘플을 다운로드 받으세요.
https://naver.me/5cqDrifg

인세정산서 다운로드

내 책이 해외로!
판권 수출의 꿈과 현실

<책마마 엄대표의 출판 일기>

열 번째로 만든 책이 해외에 판권 수출되었을 때,
정말 '이게 진짜야?' 싶었다.
내가 만든 책이 국경을 넘어가다니…
아직도 믿기지 않는다.
계약 몇 달 뒤, 판매금이 달러로 통장에 들어왔다.
이보다 더 좋을 수 있을까.
잠깐이나마 수출의 역군이 된 기분이었다.

출판사를 운영하면서 국익에 도움이 된다고 느끼는 순간이 있습니다. 바로, 국내에서 만든 책의 판권이 해외로 수출될 때입니다. 좋은 책은 언어와 문화를 넘어 더 많은 독자에게 닿을 수 있습니다. 애드앤미디어의 《협상이 이렇게 유용할 줄이야》는 출간 초기에 대만 에이전시로부터 판권 요청을 받아 대만에서 정식 출간되었고, 《시크릿 인스타그램》은 태국어판으로도 번역 출간되어 현재 태국에서 판매 중입니다.

처음 에이전시로부터 "판권이 살아 있나요?"라는 메일을 받았을 때는 스팸 메일인 줄 알고 삭제할 뻔한 해프닝도 있었습니다. 그만큼 해외 판권 제안은 예고 없이 찾아오고, 처음에는 낯설 수 있습니다. 하지만 한번 경험하고 나면, 이후에는 신간이 나올 때마다 에이전시에 소개 메일을 보내고, 국제 출판 네트워크와 소통하는 일이 자연스러워집니다.

지금은 소규모 출판사라도 콘텐츠의 경쟁력만 있다면 해외 진출의 가능성은 충분합니다. 번역 출판, 수출 계약, 외국어 서점 입점 등 여러 경로가 있으며, 국내 에이전시와 협업하거나 국제 도서전에 참여하는 방식도 있습니다. 여기서는 많은 출판사가 꿈꾸는 해외 판권 수출의 실무 프로세스와 준비 방법, 그리고 처음 대응할 때 유의할 점들을 함께 살펴보겠습니다.

《협상이 이렇게 유용할 줄이야》
대만 서점 바로가기
https://www.books.com.tw/products/0010879132?sloc=main

《시크릿 인스타그램》 태국 서점 바로가기
https://www.thinkbeyondbook.com/product/view?id=4992

해외로 수출된 자랑스러운 애드앤미디어의 책들

해외 판권 수출

해외 판권 수출이란 출판사가 보유한 도서 콘텐츠의 저작권을 해외 출판사나 저작권 중개 에이전시에 판매하거나 일정 기간 사용 권리를 부여하는 것을 말합니다. 단순히 종이책을 수출하는 것이 아니라 번역 출간, 전자책, 오디오북, 더 나아가 영화·드라마·웹툰 등으로 확장되는 IP 계약까지 포함돼요. 판권을 수출하기 위한 방식은 다양합니다.

1. 적극적인 수출 방식

1) 국제 도서전 참가: 프랑크푸르트, 볼로냐 같은 세계적인 도서전에 참가해 직접 바이어를 만나는 방식
2) 국내 저작권 중개 에이전시 활용: 우리 책을 전문적으로 소개해주는 기관이나 에이전시를 통해 제안
3) 공공 지원 프로그램 활용: 출판문화산업진흥원, 한국문학번역원 등의 번역·해외 홍보 지원 사업 활용

2. 바이어가 먼저 연락 오는 경우

책이 국내에서 조용히 입소문을 타고, 꾸준히 사랑받고 있다면 해외 출판사나 에이전시에서 먼저 연락이 오는 경우도 있어요. "이 책의 해외 판권이 살아 있나요?"라는 문의가 들어올 때는 해외 출판사가 관심이 있다는 뜻이에요. 이럴 때는 정말 '해외 판권은 살아 있어야 팔린다'라는 말이 실감 납니다.

그 책이 번역 출간될 수 있을지, 혹은 영화나 드라마로 확장될 수 있을지를 바탕으로, 에이전시가 해외 출판사에 소개하거나, 반대로 해외 출판사의 요청을 받아 우리에게 제안하는 거죠.

```
애드앤 미디어 담당자님
안녕하세요

저는 중화권 전문에이전시 ▓▓▓▓▓ ▓▓ ▓▓이라고 합니다.
다름이 아니라
대만에서 출판된 아래 도서의 중국 간체판
판권문의를 드리고 싶어 연락드렸습니다.

알라딘: 협상이 이렇게 유용할 줄이야 (aladin.co.kr)
博客來-不是說服, 是談判 : 直擊思維困境的10堂共贏課 (books.com.tw)

판권이 살아있다면
저희와 거래하는 중국 출판사에 소개해 볼 수 있을지
궁금합니다.

회신 부탁 드립니다!
감사합니다.
▓▓▓ 드림
```

에이전시의 판권 문의

> **책마마 엄대표의 Tip. 에이전시에 먼저 소개 자료를 보내 보세요!**

요즘은 K-문화에 대한 전 세계적인 관심 덕분에, 우리나라 책에 주목하는 해외 출판사들도 많아졌어요. 문학, 그림책, 에세이, 웹툰까지 장르도 다양하고요. 특히 국내에서 반응이 좋은 책이나 독창적인 소재를 가진 책은 해외에서도 눈여겨보는 경우가 많습니다.

그래서 신간이 나올 때 해외 저작권 에이전시에게 먼저 이메일로 소개 자료를 보내는 것, 그 자체로 좋은 시작이 될 수 있어요. 우리 책이 어떤 주제를 담고 있고, 어떤 독자에게 읽히는지, 앞으로 어떤 확장이 가능할지까지 간단히 정리해서 보내는 거죠. 에이전시 입장에서도 '아, 이 책은 어떤 나라에 제안해보면 좋겠다'라는 판단이 더 쉬워지니까요.

3. 그래서 무엇을 준비해야 할까?

출간 도서의 판권 상태를 명확하게 정리해두는 것이 중요합니다. 해외 수출이 가능한지 여부, 어떤 언어권이 가능한지 내부적으로 체크해두면 좋아요. 도서 소개서, 초록, 샘플 번역본도 가능하면 미리 준비해두세요. 선인세, 인세율, 계약기간, 언어권 등 계약 조건도 미리 검토해두면 기회가 왔을 때 놓치지 않게 돼요. 참고로, '해외 판권이 살아 있다'라는 말은 그 책의 저작권이 아직 유효하고, 다른 나라에 수출할 수 있는 권리가 출판사에 있다는 뜻이에요. 기본적이지만, 계약 전에 꼭 확인해야 하는 부분입니다.

해외 판권의 유효성

해외 판권, 과연 언제까지 유효할까요? 저작권은 국내뿐 아니라 나라별로 따로 보호되고, 그 기간과 조건도 조금씩 다릅니다. 잘 모르고 있으면, 해외 계약에서 불이익을 받을 수도 있어요.

1. 나라별로 보호 기간이 달라요

저작권은 대부분 저자 사망 후 50~70년간 보호돼요. 우리나라, 미국, 유럽 대부분은 사망 후 70년, 일본은 70년, 중국은 50년입니다. 멕시코는 100년까지 보호하는 나라라 놀란 적도 있었어요. 이처럼 국적과 출간 국가에 따라 보호 기간이 다르니, 꼭 확인해두셔야 해요.

2. 국제조약으로 기본 보호는 돼요

베른협약 같은 국제 저작권 조약에 가입한 나라들끼리는 서로 저작권을 인정해줘요. 하지만 '전 세계 공통 저작권'은 없어요. 각국 법률이 다르기 때문에, 계약이나 분쟁 시에는 그 나라 법이 우선 적용돼요.

3. 현지 등록이 권리 보호의 시작이에요

창작만으로 저작권은 생기지만, 해외에서 실질적으로 권리를 주장하려면 그 나라에 저작권 등록을 해두는 게 가장 안전해요. 특히 분쟁이 생겼을 때, 등록 여부가 결정적인 역할을 하거든요.

해외 판권 수출 절차

1단계. 바이어 연결
- 국제 도서전 참여: 프랑크푸르트, 볼로냐 같은 도서전을 비롯해, K-BOOK 마켓, 문학번역원·진흥원의 저작권 상담회 등에 참가하며 해외 출판사나 저작권 에이전시와 직접 연결됩니다.
- 바이어에게 판권 유효에 대한 문의를 받습니다.

2단계. 제안서 및 번역 샘플 준비
- 도서 소개서, 샘플 도서 파일을 정성 들여 준비해 보내세요.
- 일부 에이전시에서는 한글 원고를 받아 직접 샘플 번역을 제작한 뒤 해외 출판사에 제안하기도 해요.
- 한국문학번역원, 출판진흥원의 번역 지원 사업을 활용하면 비용 부담도 줄일 수 있습니다.

3단계. 계약 협상
- 번역권, 출판권, 오디오북·웹툰 같은 2차 IP 권리까지 포함될 수 있죠.
- 계약 조건(선인세, 인세율, 사용 기간, 지역·언어 범위) 등을 협상하며, 삽화·디자인 비용 등 실무 비용도 조율 대상이에요.
- 모든 계약 조건에 대해 협상이 가능합니다.
- 에이전시마다 요청하는 사항이 다르니 담당자에게 직접 물어보며 진행합니다.

> 안녕하세요
> 대만 ▓▓▓▓ 에서 인세율 통일해서 8%로 조정하겠다고 합니다.
> 이 ▓▓▓ 과 ▓▓▓ 모두 계약을 해서 책의 결과물이나, 마케팅 능력 등이
> 좋은 회사입니다.
>
> 현재 ▓▓▓ 는 선인세 3200달러 본문데이터비용300달러, 인세율 일률8%의 조건입니다
> ▓▓▓는 ▓▓ 까지 기다려 달라고 합니다. 저희가 거래를 해본 결과 ▓▓▓에서는 통상 조건이 높지 않았습니다.
>
> ▓▓ 까지 기다려볼까요? 아니면, ▓▓▓로 승인해주실지요?
> 귀사의 의견 어떠신지요?
>
> 확인을 부탁드립니다.
> 감사합니다.
> ▓▓▓ 드림

계약 협상 메일

4단계. 현지 출간 및 유통

- 계약 성사 후 원고 및 이미지 파일, 편집 데이터를 제공하면 해외 출판사가 직접 번역, 편집, 인쇄 및 유통, 마케팅까지 수행합니다.
- 이때 국내 홍보 자료(북 트레일러, 이미지 등) 요청을 받을 수 있어요.
- 출판진흥원 지원 사업이 적용되면 현지 출간 비용 일부를 지원받을 수 있습니다.

5단계. 정산 및 사후 관리

- 계약에 따라 선인세가 지급되며, 에이전시 수수료(약 10~20%)와 현지 세금(보통 20%)이 공제된 금액이 입금됩니다.
- 이후 판매 보고서를 정기적으로 받고, 계약서에 명시된 인세(Royalty)가 지급됩니다.
- 해외 수익은 계약 조건에 따라 저자와 나누며, 일반적으로 50:50 또는 인세율 기준(예: 10%)으로 지급됩니다.
- 저희 애드앤미디어는 판권 판매 수익을 저자와 절반씩 나누고, 일러스트 등 디자인 비용은 별도로 청구해 내부 팀에도 수익이 돌아가도록 합니다.
- 불법 복제나 저작권 침해 발생 시에는 계약서 조항과 현지 등록 정보를 바탕으로 대응합니다.

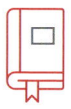

과연 돈이 될까?
출판사 손익분기점 계산법

<책마마 엄대표의 출판 일기>

남편이 말했다.

"책 한 권씩 팔아서 남기는 해? 좀 비싼 것도 팔아보지 그래?"

몇백만 원짜리 프로그램을 파는 사람이라,
2만 원도 안 되는 책을 파는 일이
조금 시시해 보이나 보다.
하지만 두고 보라고.
나는 책 팔아서 빌딩도 살 거다. 정말로.
진짜, 그랬으면 좋겠다.

"이 책, 얼마나 팔려야 본전이 될까요?"

출판사를 운영하다 보면 늘 부딪히는 질문이에요. 책은 마음만으로 만들 수 없습니다. 결국 사업이고, 수익이 뒷받침되어야 지속할 수 있죠. 사무실 운영비, 도서 제작비, 홍보비, 인건비 등 일반적인 회사 운영비용이 출판사에도 똑같이 듭니다.

저희는 1인 출판사로 시작했고, 그 점에서 많은 유연함이 있었어요. 재택으로 운영하니 사무실 임대료가 들지 않았고, 상근 직원 없이 필요할 때마다 협업하는 방식으로 외주 인건비도 최소화했습니다. 홍보와 마케팅도 직접 하니 추가 비용이 거의 들지 않았죠. 이런 방식 덕분에 비교적 부담 없이 출판사를 유지해올 수 있었지만, 그렇다고 마냥 편하지만은 않았습니다. 수익 구조를 명확히 이해하고, 손익분기점을 계산해보는 일은 지금도 계속되고 있어요.

여기서는 출판사의 수익 구조를 간단하게 짚고, 어떤 기준으로 손익분기점을 잡아야 하는지, 어떻게 수익을 유지해나갈 수 있는지 소개해드리겠습니다.

출판사 운영비

운영 방식에 따라 차이는 있지만, 1인 출판사를 기준으로 주요 운영비는 다음과 같습니다.

1. 사무실 및 사업자 등록 관련 비용

1) 사무실 임대료: 재택 운영 시 0원, 비상주 오피스는 월 3~5만 원 내외, 상주 오피스는 월 20~50만 원 선입니다.
2) 출판사 등록 및 면허세: 연간 약 27,000원이 소요됩니다. 법인을 설립할 경우 별도의 설립비용이 추가됩니다.

2. 도서 제작비

1) 디자인비: 표지 및 내지 디자인 외주 시 약 100~500만 원
2) 일러스트: 컷 수에 따라 100~200만 원
3) 저자 계약금: 외부 저자일 경우 선인세 형식으로 20~100만 원
4) 인쇄비: 부수 및 사양에 따라 300~700만 원
5) ISBN: 국립중앙도서관에서 무료 발급

3. 마케팅 및 홍보비

1) 콘텐츠 제작: 상세 페이지, 카드뉴스, 홍보영상 등 제작비

2) 온라인 광고, SNS 마케팅: 수만 원~수십만 원 이상

3) 서평단 운영 및 이벤트 비용: 필요에 따라 유동적 집행

4. 유통 및 물류비

1) 유통 수수료: 보통 공급가의 40~60%

2) 배송·포장비: 서점 발송시 권당 300원 내외 / 택배 발송 시 건당 4,000원 내외

5. 기타 고정비

1) 세무·회계 대행료: 종합소득세 신고 등 필요시 발생

2) 소프트웨어 및 사무용품: 인디자인, 노션, 클라우드 사용료 등

3) 통신·전기료: 자택 운영 시 상대적으로 부담 적음

6. 전자책·POD 관련 비용

1) 전자책 제작비: EPUB 변환 등 약 20~50만 원

2) POD: 판매 시점마다 인쇄비 발생, 재고 부담 없음

1인 출판사는 고정비가 크지 않은 반면, 책 한 권당 출간 비용은 대형 출판사에 비해 상대적으로 더 많이 들 수 있습니다. 따라서 외주 비용을 효율적으로 관리하고, 대표 스스로 처리할 수 있는 업무 범위를 넓히는 것이 지속 가능한 운영을 위한 핵심 전략입니다.

도서 제작비

도서 제작비는 책 한 권을 출간하기 위해 들어가는 직접적인 비용을 의미합니다. 다음은 실제 출판 현장에서 일반적으로 산정하는 도서 제작비의 주요 항목과 설명입니다.

항목	예시 금액(1,000부 기준)
저자 계약료	20만 원(신인) ~ 수백만 원(유명 저자)
편집/교정/윤문	50~200만 원
표지 디자인	50~100만 원
내지 디자인	100~300만 원
일러스트	50~200만 원(필요시)
인쇄·제본	200~600만 원(부수·사양에 따라)
저자 인세	150~200만 원 내외(정가의 10% 기준 가정)
합계	620~1,800만 원 이상

도서 출간 예상 비용

1. 도서의 손익분기점

책을 만들고 판매하다 보면, 어느 순간부터 '이제부터는 진짜 수익이다' 싶은 지점이 찾아옵니다. 그게 바로 손익분기점이에요. 쉽게 말해, 책의 판매 수입이 제작비와 고정비를 모두 회수한 시점부터, 비로소 이익이 남기 시작하는 지점입니다. 출판사 운영에서 꼭 체크해야 할 중요한 기준이죠.

손익분기점은 이렇게 계산합니다. 출판업에서의 손익분기점(부수)은 다음과 같은 공식으로 계산할 수 있어요.

$$손익분기점(부수) = 총고정비 \div (권당 공급가 - 권당 변동비)$$

각 항목은 이렇게 이해하면 됩니다.

구분	설명
총고정비	인쇄, 제작비, 편집비, 마케팅비, 인건비 등 책이 몇 부가 팔리든 상관없이 들어가는 고정 비용
권당 공급가	책이 유통사나 서점에 공급될 때 출판사가 실제로 받는 금액(정가 × 공급률)
권당 변동비	책 한 권을 판매할 때마다 드는 비용(저자 인세, 포장·배송비, 물류 수수료 등)

출판 비용 구조 한눈에 보기

예를 들어, 다음과 같은 조건이라면 손익분기점은 얼마일까요?

- 총제작비: 1,000만 원
- 정가: 15,000원
- 공급률: 60% → 권당 공급가 = 15,000원 × 60% = 9,000원
- 권당 변동비: 저자 인세, 물류 등 포함해 1,500원

손익분기점 = 10,000,000 ÷ (9,000 − 1,500) = 10,000,000 ÷ 7,500 = 약 1,333부

즉, 이 책은 1,333부 이상 팔려야 비로소 수익이 발생하는 구조라는 뜻입니다.

2. 실무에 바로 쓰는 도서 손익분기점 계산표

손익분기점 개념을 이해하는 것도 중요하지만, 실제 책 한 권을 만들고 운영하는 과정에서는 보다 구체적인 수치를 기반으로 예산을 계획하고 수익을 예측해야 합니다.

다음은 저희 출판사에서 사용하는 손익분기점 계산표 샘플로, 정가, 공급률, 예상 판매부수, 인세, 제작비, 마케팅 비용 등을 포함해 수익 구조를 한눈에 확인할 수 있도록 구성되어 있습니다.

구분	항목	수치	설명
기본정보	정가	20,000	1권당 소비자가격
	공급률	60%	평균 공급률
	공급가	12,000	서점에 공급되는 가격
	제작부수	2,000	총인쇄수량
	인세율	10%	
매출계산	예상 판매부수	1,500	예상 판매부수
	총판매금액	18,000,000	공급가 × 판매부수
	예상 전자책 수익	300,000	(기타 수익 포함 가능)
	예상 매출합계	18,300,000	종이책 전자책 판매 합계
비용계산	인세 (10%)	3,000,000	정가 × 인세율 × 판매부수
	교정	2,000,000	
	편집(표지)	1,000,000	
	편집(본문)	3,000,000	
	인쇄비	5,500,000	
	제경비(물류)	500,000	2000부 예상비용
	마케팅비(5%)	1,000,000	총판매금액 기준
	기타 비용	1,000,000	홍보물, 영상, 서평, 이벤트
	제작/홍보 총비용	17,000,000	
영업이익	예상 수익	1,300,000	예상 매출합계 - 총비용

출간 예상 손익 계산표

SCAN ME

다음의 링크를 통해 도서 손익분기점 계산서 샘플을 다운로드 받으세요.
https://naver.me/xquyfZGF

출판사 수익 계산

출판사의 수익은 단순 매출이 아니라, '서점에 공급된 판매 수량 × 공급률'로 계산된 정산금이 기준입니다. 정산금은 출판사의 운영비이자 순수익이며, 동시에 다음 책 제작을 위한 자금이 됩니다. 특히 1인 출판사의 경우 인건비와 고정비가 거의 없어, 정산금이 곧 운영 자금이자 대표의 수입이 됩니다.

1. 1인 출판사 초기 수익 구조, 얼마나 벌 수 있을까?

초기 출간 도서가 3종뿐이라면, 수익은 어떻게 될까요? 예를 들어, 각각 월 50권씩 판매되고, 서점 공급률이 60%인 경우 다음과 같은 정산금이 발생합니다.

출간도서	정가(원)	서점 판매량	정산금
도서 1	15,000	50	450,000
도서 2	16,000	50	480,000
도서 3	20,000	50	600,000
합계		150	1,530,000

출간 도서 3권일 때 예상 수익금

총 150권이 판매되어 출판사에 입금되는 월 정산금은 약 153만 원입니다. 이 금액은 단순한 매출이 아니라, 공급가 기준으로 서점에서 실제 입금되는 금액으로, 출판사의 순수익이라고 할 수 있습니다. 이 수익으로 출판사는 운영비를 충당하고, 다음 책 제작을 위한 투자비를 마련하며, 대표의 수입까지 감당해야 합니다.

다행히 1인 출판사의 경우 고정비가 거의 들지 않기 때문에, 이 금액이 곧 대표의 수입이자 다음 프로젝트의 예산이 됩니다. 하지만 위 수치를 보면 알 수 있듯, 판매량이 일정하지 않거나 출간 종수가 적을 경우, 수익은 매우 제한적일 수밖에 없습니다.

2. 출간 10종이면 수익이 얼마나 달라질까?

꾸준히 운영한 결과 출간 도서가 10종으로 늘어났습니다. 이제 신간과 기존 도서가 함께 판매되며 수익이 상승하기 시작합니다.

출간도서	정가(원)	서점 판매량	정산금
도서 1	15,000	10	90,000
도서 2	16,000	20	192,000
도서 3	20,000	20	240,000
도서 4	15,000	50	450,000
도서 5	16,000	50	480,000
도서 6	20,000	50	600,000
도서 7	15,000	50	450,000
도서 8	16,000	50	480,000
도서 9	20,000	50	600,000
도서 10	22,000	50	660,000
합계		400	4,242,000

출간 도서 10권일 때 예상 수익금

출간 종수가 늘면 노출 기회가 많아지고, 신간 효과와 함께 작가의 홍보 활동도 병행되어 월별 정산금 또한 자연스럽게 상승하게 됩니다. 이처럼 출간 종수가 늘수록 수익 구조는 점점 더 안정화되며, 1인 출판사 운영에도 여유가 생기기 시작합니다.

3. 출간 20종 이상, 이제는 진짜 안정권

도서 20종 이상이 출간되고, 그중 일부가 꾸준히 팔리는 롱셀러로 자리 잡으면 출판사의 수익 구조는 본격적인 안정 단계에 들어섭니다.

출간도서	정가(원)	서점 판매량	정산금
도서 1	15,000	5	45,000
도서 2	16,000	10	96,000
도서 3	20,000	20	240,000
도서 4	15,000	10	90,000
도서 5	16,000	5	48,000
도서 6	20,000	10	120,000
도서 7	15,000	10	90,000
도서 8	16,000	10	96,000
도서 9	20,000	20	240,000
도서 10	22,000	20	264,000
도서 11	16,000	20	192,000
도서 12	20,000	30	360,000
도서 13	22,000	30	396,000
도서 14	16,000	30	288,000
도서 15	20,000	50	600,000
도서 16	22,000	60	792,000
도서 17	16,000	70	672,000
도서 18	20,000	100	1,200,000
도서 19	22,000	200	2,640,000
도서 20	20,000	150	1,800,000
합계		860	10,269,000

출간 도서 20권일 때 예상 수익금

여러 권의 책을 만들어가는 과정에서 편집, 제작, 유통 등 실무 전반의 노하우가 쌓이고, 자연스럽게 좋은 작가들과의 인연도 늘어나게 됩니다. 그렇게 탄생한 책들 중 일부는 시장에서 의미 있는 반응을 얻으며 베스트셀러로 자리 잡기도 하죠. 1인 출판사를 꾸준히 운영해야 하는 이유가 바로 여기에 있습니다.

다만 책이라는 상품은 특성상, 시간이 흐를수록 판매량이 점차 감소하는 경향이 있습니다. 출간 초기에 주목을 받더라도, 일정 시간이 지나면 노출 빈도가 줄어들고, 판매 또한 서서히 하락하게 됩니다.

1인 출판사가 수익 구조를 지속적으로 유지하기 위해서는 단기적인 성과에 의존하기보다는, 장기적인 안목을 가지고 출간 전략을 세워야 합니다. 꾸준한 신간 출간과 함께, 오래 사랑받을 수 있는 롱셀러 기획에 힘을 쏟아야 하며, 책의 형태 또한 종이책 외에 전자책, 오디오북 등으로 다양화할 필요가 있습니다. 또한, 학교나 기관에 교재로 납품하거나, 온라인 강의 플랫폼과 연계해 강의와 책을 함께 구성하는 방식처럼 수익 구조를 다각화해 나가는 것도 중요한 전략입니다.

책마마 엄대표의 Tip. 수익을 좌우하는 단가 전략

판매량만큼 중요한 것이 바로 '단가'입니다.
예를 들어, 정가 2만 원짜리 책이 50권 팔리면, 공급가 기준으로 약 60만 원의 정산이 발생합니다. 반면, 정가 12,000원짜리 책은 같은 수량이 팔려도 정산금은 약 36만 원 수준에 그치죠.
즉, 출간 종수뿐만 아니라, 한 권 한 권의 가격 전략과 시장 포지셔닝도 출판사의 수익 구조에 큰 영향을 미친다는 뜻입니다.

출간 종수 × 판매량 × 단가

이 세 가지 축을 전략적으로 설계해야, 1인 출판사의 운영과 성장이 더욱 단단해집니다.

출판사의 다양한 수익 구조

막연히 '책 팔아서 먹고산다'라는 말은 옛말입니다. 종이책 판매만으로는 출판사의 수익을 유지하기 어렵기 때문에, 요즘 출판사들은 하나의 책을 중심으로 수익의 길을 다양하게 열어두는 전략을 택하고 있어요.

1. 종이책 판매: 가장 기본적인 수익
출판사가 직접 기획·제작한 도서를 온라인 서점, 오프라인 서점, 도매상에 공급해 판매 수익을 얻습니다. 보통 정가의 60~70% 정도가 출판사 몫이에요. 하지만 인쇄비, 편집비, 물류비, 마케팅비 등을 제하고 나면 실제로 남는 수익은 더 적습니다.

2. 전자책·오디오북: 디지털로 확장
종이책을 전자책, 오디오북으로 제작해 리디북스, 밀리의서재, 예스24 등에서 유통하면 판매 또는 구독 수익을 얻을 수 있어요.

3. 해외 판권 수출과 2차 저작권(IP)
국내에서 인기를 끈 책은 해외 판권 수출을 통해 새로운 수익을 창출할 수 있습니다. 최근에는 번역 출간뿐 아니라, 영화·드라마·웹툰·게임 등 다양한 형태로 확장되는 IP 비즈니스의 가능성도 점점 커지고 있습니다.

4. 부가 콘텐츠 – 책 바깥의 수익
도서와 연계된 굿즈, 포스터, 엽서, 캘린더, 노트 등 파생 상품을 만들어 판매하거나, 저자와 함께 북토크, 강연회, 온라인 클래스 등 교육 콘텐츠를 열어 참가비 수익을 얻기도 해요.

5. 출판 대행과 B2B 서비스

출판사를 오래 하다 보면 외부 기관이나 기업에서 "우리도 책 만들고 싶어요" 하고 문의가 옵니다. 사보, 기념집, 사내 교재 등 맞춤형 출판 프로젝트를 유상으로 진행하는 경우도 많고요. 편집·디자인·인쇄만 부분 대행하기도 합니다.

6. 광고와 협찬

잡지나 연재물에 협찬 광고를 유치하는 방식도 있습니다. 출판사의 특성과 타깃이 맞으면 이 수익도 작지 않아요.

7. 자체 플랫폼 운영

자체 온라인몰을 운영하거나, SNS·유튜브 채널을 통해 콘텐츠를 유통하고 광고 수익을 얻는 방식도 요즘 많이 시도돼요. 유통 마진을 줄이고 브랜드를 키울 수 있는 장점도 크고요.

8. 기타 수익

- 유휴 자산 임대(창고, 장비, 사무실 등)
- 정부 및 공공 지원금(출판진흥원, 문학번역원 등에서 번역·해외진출 등 다양한 사업 공모)

정리하면, 출판사의 수익 구조는 단순히 종이책 판매에 그치지 않고 다음과 같이 다각화되어야 합니다.

- 디지털 콘텐츠(전자책·오디오북)
- 해외 판권 수출 및 2차 저작권(IP 비즈니스)
- 부가 콘텐츠 및 굿즈/강연/클래스
- 출판 대행 및 B2B 서비스
- 광고·협찬 수익

- 자체 플랫폼 및 유통 채널 운영
- 기타 수익(임대, 정부지원사업 등)

이처럼 다양한 수익의 흐름을 만들어놓으면, 특정 채널의 판매가 부진하더라도 출판사의 전체 수익 구조가 쉽게 흔들리지 않습니다. 마치 여러 개의 다리를 가진 탁자처럼, 하나가 약해져도 전체가 무너지지 않게 되는 것이죠. 이런 다각화 전략은 출판사의 지속 가능한 성장 기반이자, 외부 변화에 유연하게 대응할 수 있는 방파제가 됩니다.

즉, 좋은 책을 중심에 두고 다양한 수익 파이프라인을 확보하는 것, 이것이 지금 시대에 '출판을 오래 하고 싶은 사람'이 반드시 고민해야 할 생존 전략입니다. 처음부터 완벽할 필요는 없습니다. 한 가지씩 차근차근 시도하고 확장해 나간다면, 어느새 당신의 출판사도 '비즈니스'로서 단단히 자리 잡게 될 거예요.

에필로그

그래도 출판사를 계속하는 이유

출판사 대표는 대부분의 관계에서 '을'의 위치에 놓입니다. 작가에게도, 디자이너, 편집자와 인쇄소, 물류센터와 유통사에도 늘 부탁하고, 기다리고, 조율해야 하는 입장이니까요. 좋은 책을 만들기 위해서 작가에게는 원고를 부탁하고, 디자이너에게는 멋진 표지와 본문 디자인을 요청합니다. 편집자에게는 세심한 교정과 교열을, 인쇄소에는 색 번짐 없이 인쇄를 마무리해달라고 당부하죠. 물류센터에는 정확한 입고와 배송을 매일 확인하고, 유통사에는 등록과 판매를 놓치지 않게 요청합니다.

부탁하고, 설득하고, 기다리고, 다시 조율하는 일의 반복. 그리고 그 모든 과정에서 출판사는 언제나 '을'이자, 중간에서 균형을 맞추는 사람의 역할을 하게 됩니다.

그래서 때로는 속상하고, 답답하고, 마음이 지칠 때도 있습니다. 저 역시 그런 순간들을 수없이 겪었습니다. 하지만, 그럼에도 계속 이 일을 해올 수 있었던 것은 함께 버텨준 사람들 덕분이었습니다. 좋은 작가, 디자이너, 편집자, 인쇄소, 물류 파트너들. 그들과 함께 책 한 권을 완성할 때마다 '사람이 곧 재산이다'라는 말을 다시금 실감합니다. 출판사는 늘 을의 자리에서 출발하지만, 그 자리를 오래 지키다 보면 조금씩 단단해집니다. 저마다의 방식으로 살아남고, 책을 만들어가는 사람들이 있다는 것, 그 사실만으로도 이 세계는 여전히 살아 있고, 계속 이어질 이유가 됩니다.

대표는 결정하는 게 일이다

1인 출판사를 운영하면서 가장 큰 부담이자 스트레스는 모든 것을 결정해야 하고, 그 결정에 책임을 져야 한다는 사실입니다. 회사에 다닐 때는 팀의 의견이나 부서장의 지시에 따라 움직이면 되었지만, 대표가 되고 나서는 그 어떤 작은 선택 하나도 전부 내 몫이 됩니다.

책 한 권이 잘 팔릴 수도 있고, 예상보다 반응이 없을 수도 있어요. 어떤 책은 정말 많은 시간과 애정을 들였는데도 결과가 좋지 않을 때, '내가 이 계약을 왜 했을까?', '제목을 잘못 정했을까?', '타깃을 잘못 잡았나?' 하는 후회가 밀려오기도 합니다. 디자인 시안 하나, 판형, 출간 시기까지 사소해 보이는 결정조차 결국 대표의 책임이 되죠. 그 결과는 아주 직접적이고, 때로는 꽤 무겁게 다가옵니다.

그런데 그만큼 보람도 큽니다. 좋은 반응이 올 때, 작가를 설득했던 일도, 디자인 시안을 골라낸 것도, 출간 시기를 택한 것도 모두 내가 내린 결정이라는 사실에 스스로 뿌듯해집니다. '내가 잘했구나' 싶은 순간이 찾아올 때, 그동안의 고생이 조금은 보상받는 기분이 듭니다.

출판은 결국 수많은 선택의 연속이에요. 중요한 것은 그 결과를 겸허히 받아들이는 자세입니다. 최선을 다하되 결과는 하늘에 맡기세요. 그래야 오래 버틸 수 있어요.

책은 특권이 아니라 특혜

출판사를 하다 보면, 세상 사람을 '책을 쓴 사람'과 '아직 쓰지 않은 사람'으로 나누어 보게 돼요. 어디에서든 "책을 썼습니다"라고 하면 사람들의 반응이 확 달라지거든요. 책을 쓰는 일이 얼마나 힘든지 구체적으로는 몰라도, 누구나 막연히 어렵다는 인식은 있잖아요. 그만큼 '책을 썼다'라는 사실만으로도 인정받는 분위기가 있습니다.

모든 사람이 책을 써야 할 필요는 없지만, 한 분야에서 전문적으로 일하고 있다면 책은 당신의 전문성을 인정받는 가장 좋은 방법이 돼요. 책은 그 일을 잘하고 있다는 신호이자, 신뢰를 얻는 도구가 됩니다.

책을 쓰는 것은 저자에게도, 독자에게도 값진 일이에요. 저자는 책을 쓰는 동안 본인의 지식을 다시 한번 다듬고, 구체화하고, 완결을 짓습니다. 지식을 한층 더 깊고 넓게 다듬는 과정이지요. 그 과정을 혼자 하는 것이 아니라 편집자, 디자이너 등 각 분야의 전문가가 원팀이 되어 협력해 저자의 콘텐츠의 완성도를 높이려고 노력합니다. 그렇게 완성된 책은 저자에게는 하나의 커리어이자 명함이 되죠. 자신이 쓴 책을 들고 강연하면 저자 직강이 되고, 자신이 쓴 책을 들고 고객과 만나면 훨씬 더 신뢰받는 전문가가 됩니다. 이것이 책이 주는 '특혜'예요. 그래서 많은 분이 이렇게 말하곤 합니다.

"죽기 전에 책 한 권은 꼭 쓰고 싶어요."

제 주변에도 책 한 권으로 인생이 달라진 분들이 정말 많습니다. 누군가에게는 그 책이 새로운 기회의 문이 되었고, 누군가에게는 자기 삶을 정리하고 돌아보는 결정적인 순간이 되어주었습니다. 그래서 저는 누군가 잘되길 바라는 마음이 들면 꼭 이렇게 말합니다.

"책, 한번 써보세요."

작가로서 특혜를 누리고 싶다면, 오늘부터 글을 써보세요. 크게 시작하지 않아도 괜찮습니다. 하루 한 줄이라도, 생각을 써보세요. 꾸준히 글을 쓰다 보면, 언젠가 반드시 변화가 찾아옵니다.

정년이 없는 직업, 출판사 대표

제가 출판사를 시작한 것은 마흔 중반, 지금은 쉰을 넘겼습니다. 책 한 권 만들 돈만 들고 겁 없이 시작했죠. 백지에서 출발한 만큼, 좌충우돌했던 시간은 밤새워도 다 말 못 할 거예요.

보통 나이가 들면 못 하게 되는 일이 많아지잖아요. 체력도 떨어지고, 속도도 느려지고요. 그런데 출판은 달라요. 나이가 들수록 더 잘할 수 있는 일이라는 것을 느낍니다.

첫째, 인간에 대한 이해가 넓어져요. 책을 만들기 위해 정말 다양한 사람들을 많이 만나고 함께 깊이 있게 관계를 맺고 일을 해야 하는데, 그 관계가 참 어려워요. 젊었을 때 이 일을 시작했으면 얼마 못 가서 두 손 두 발 다 들고 그만두었을 거예요. 하지만 지금은 힘들게 하는 사람도, 함께 성장하는 사람도 이해하게 됩니다. 나이 든다는 것은 결국 사람을 이해하는 폭이 넓어진다는 뜻이기도 하니까요.

둘째, 성장에 대해 폭넓게 생각할 수 있습니다. 단지 책을 썼다고 바로 성공하거나 변화가 느껴지지는 않을 거예요. 어떤 책은 나오자마자 온 서점 매대를 모두 채우며 베스트 셀러가 되기도 하지만, 대부분의 책은 독자에 선보이지도 못하고, 책장에 꼽히거든요. 우리가 만드는 책은 아직은 덜 유명한, 아직은 덜 인정받은 저자의 책이 많을 것입니다. 그런 책을 세상에 알리기 위해 여러 방법을 시도하다 보면, 새로운 도전이 쌓이고 어느새 변화가 따라옵니다. 대학원 때 찾아온 작가님은 저와 미래를 예측하고, 거기에 맞춰 책을 만드는 과정 중에 지금은 그 분야에서 가장 인정받는 지식인이 되었어요. 그 과정을 함께한 것만으로도 보람이 큽니다.

셋째, 경험이 쌓여서 필살기가 됩니다. 책을 만들고 팔기 위해, 어떤 경우는 북 콘서트를 열고, 어떤 경우에는 유튜브 영상을 찍습니다. 또 어떤 때는 온라인 강의 업체와 협업하고, 어떤 경우에는 직접 책을 들고 나가 독자를 만나기도 합니다.

모든 일이 다 성공하는 것은 아니지만, 도전한 경험이 쌓여 저만의 필살기가 됩니다. 이 필살기는 돈 주고 살 수 없는 소중한 자산이죠. 정년을 넘어도, 내가 글을 읽고 책을 만들 수 있는 한 나이는 전혀 문제가 되지 않습니다. 오히려 더 잘할 수밖에 없는 구조예요.

이 책을 쓰며, 아무것도 모른 채 출판 시장에 뛰어들었던 7년 전의 제 모습이 자꾸 떠오릅니다. 모르는 것은 많고, 물어볼 곳은 없었으며, 결국 부딪혀 깨지거나 스스로 해결해야 했던 날들의 연속이었습니다. 그때마다 포기하지 않고 다시 시작할 수 있었던 이유는, 함께하는 사람들 덕분이었습니다.

1인 출판사라고 해서 모든 것을 혼자 하는 것은 아닙니다. 책을 만드는 과정마다 만나는 사람들, 그들과의 느슨하지만 단단한 연대가 지금의 저를, 그리고 애드앤미디어를 만들어주었습니다. 이제는 제가 여러분의 든든한 길잡이가 되어 드리고 싶습니다.

"
이제는 같은 길을 걷는 여러분께 이 책을 건넵니다.
저보다 덜 헤매고, 더 단단하게 걸어가시길 바랍니다.
여러분의 손에서
세상에 빛이 되는 좋은 책들이
태어나기를 진심으로 응원합니다!
"

1인 출판사 차리고 꾸려가는 법

제1판 1쇄 발행	2025년 9월 1일
지은이	엄혜경
발행처	애드앤미디어
발행인	엄혜경
등록	2019년 1월 21일 제 2019-000008호
주소	서울특별시 영등포구 도영로 80, 101동 2층 205-50호 (도림동, 대우미래사랑)
홈페이지	www.addand.kr
이메일	addandm@naver.com
기획편집	애드앤미디어
디자인	얼앤똘비악 www.earlntolbiac.com
ISBN	979-11-93856-12-3 (03010)

이 책은 저작권법에 따라 보호받는 저작물이므로 무단 전재와 무단 복제를 금하며,
이 책 내용의 전부 또는 일부를 이용하려면 저작권자와
애드앤미디어의 서면 동의를 받아야 합니다.

책값은 뒤표지에 있습니다.
잘못 만들어진 책은 구입처에서 바꿔 드립니다.

￩ 애드앤미디어는 당신의 지식에 하나를 더해 드립니다.